安全と見栄えを両立する！

新「組体操」
絶対成功の指導BOOK

関西体育授業研究会 著

安全な組体操の鉄則！
安全第一
無理しない
指導者が体験

明治図書

はじめに

　昨今の組体操による危険性がメディア等で報道されていますが，指導者の自己満足や観客をメインで考え，子どもたちの実態に合わない組体操に挑戦させたことが大きな事故につながったのではないでしょうか。昨年より今年，今年より来年と技の難易度を上げていくと，数年後には破綻してしまいます。
　本書を執筆するにあたり，
　① 安全を第1に優先させること
　② 無理に技を取り組ませず，子どもの実態に合わせて変更すること
　③ 指導者が率先して技に挑戦し，指導のポイントを十分把握すること
を重点に置きました。
　1つ目の「安全を第1に優先させる」とは，常に安全に配慮して取り組ませることが大事だということです。また，教師だけが安全を意識するのではなく，子ども自身が安全に意識を向けられるようにします。一方的に「危険だから○○してはダメ」というのではなく，子ども一人一人が「安全・危険」について考え，危険を予測することで安全に対する意識を高めることができます。
　2つ目の「無理に技を取り組ませず，子どもの実態に合わせて変更する」とは，指導計画に子どもたちを合わせるのではなく，子どもたちの実態に合わせて技の練習をすることが大事だということです。組体操の練習では，教師が予想していた以上に技の習得に時間がかかります。急いで技を完成させようとすると大きな事故につながります。そこで，思い切って技を減らす勇気も大事です。そして，余った時間で，今できている技をより洗練させ，技の完成度も高めることができます。
　3つ目の「指導者が率先して技に挑戦し，指導ポイントを十分把握すること」とは，指導にあたる前に教材研究し，指導者が危険なところはないか体感することが大事だということです。指導者が実際に技を体験してから子どもたちに指導することで，細かいところまで指導が行き渡ります。また，同じ技でも，指導ポイントを押さえるだけで，子どもたちの体への負担は減ります。そのポイントを教師が知っているか知らないかで，安全に対しても大きく影響を及ぼします。
　本書では，安全に対してのポイントをいくつか載せています。組体操の指導の経験が長い方も短い方も今一度，安全な組体操とは何かを考え，指導に取り組んでいただければと思います。その上で，子どもたちは，達成感に満ち溢れ，輝き，保護者に大きな感動をもたらす組体操ができることを願っています。

関西体育授業研究会　西岡　毅

contents

はじめに 3

第1章 「組体操」を安全に成功させる！指導の秘訣 10のステップ！ 7

- ステップ1　子どもの実態把握 8
- ステップ2　前年度の確認 9
- ステップ3　指導計画の作成 10
- ステップ4　技の選定 11
- ステップ5　音楽・隊形の選定 12
- ステップ6　カウント表の作成 13
- ステップ7　補助体制・学年の共有 14
- ステップ8　チェックリストの作成 15
- ステップ9　イメージの共有 16
- ステップ10　臨むにあたって 17
- コラム　難しい技を教えるのではない!!／怒鳴らない!! 18

第2章 安全な「組体操」の新定番　新技大公開！ 19

★ **2人技** 20
新補助倒立・20／オープントップバス・21／カンフー回転・22／連鎖ブリッジ立ち・22

★ **3人技** 23
ミニトーテムポール・23／おみこし・24

★ **4人技** 25
だるまおとし・25／騎馬・26

★ **5人技** 27
サボテンの花・27／ダイヤモンド・28

★ **6人技** 29
スター・29／クイックピラミッド+α・30

★ **7人技** 31
7人立体扇・31

★ **多人数技** 32
サンフラワー・32

第3章 安全な「組体操」の技と指導　全部紹介！ ……… 33

★ 1人技 ……………………………………………………………… 34
肩倒立・34／ななめ十字・34／V字バランス・35／ブリッジ・35／A字→T字→飛行機・36
ブリッジ→サマーソルトキック・36／V字バランス→V→V字バランス・36
アンテナ→1人シンクロ→かぎかっこ→ロールケーキ・37
あおむけ→坂道→足上げピン→空へだっこ・37／腕立て→ななめ十字・37
ダイブ→しゃちほこ→ゆりかご・37

★ 2人技 ……………………………………………………………… 38
肩車・38／サボテン・38／補助倒立・39／サーフィン・40／肩車・40
水上スキー・41／スケート・41／エレベーター・41／馬立ち・41
しゃちほこ・42／すべり台・42／橋・42／煙突・42
きのこ・43／ふきのとう・43／山・44／バランス・44／ロケット・44

★ 3人技 ……………………………………………………………… 45
ランジ・45／3人ピラミッド・45／2段タワー・46
ゼロフライト・47／ソファー・47／森・48／大地・48／サンライズ・48
ビッグW・49／鍵盤・49／すべり台・49
V字・50／トリプルクロス・50／W肩倒立・50
ダブル倒立・51／ステップ・51／トリプル扇・51
碇・52／鶴・52／トライアングル・52

★ 4人技 ……………………………………………………………… 53
ミックスサボテン・53／ユニットサーフィン・53／鏡・53
屋根・54／山小屋・54／丘陵・54／4人扇・55／階段・55／ピース・55

★ 5人技 ……………………………………………………………… 56
グライダー・56／扇・57／ソユーズ・57／かぶと・57／ステージ・58／サンゴ・58
バンク・58／ツリー・59／ジグザグ・59／山・59／合掌づくり・60／ボストーク・60
やぐら・60／跳ね橋・61／石垣・61／ソフトクリームタワー・61

★ 6人技 ……………………………………………………………… 62
クイックピラミッド・62／朝顔・63
跳開橋・64／時計台・64／大阪城・64／ピラミッド・65／6人扇・65／玉ねぎ・65

★ 7・8人技 ………………………………………………………… 66
扇DX（7人技）・66／トンネル（8人技）・66

★ 9・10人技 ………………………………………………………… 67
ジェミニ（9人技）・67／グレートブリッジ（10人技）・67

★ 多人数技 ………………………………………………………… 68
ウェーブ・68／千手観音・69／万里の長城・70

第4章 安全な「組体操」を魅力的につくる！演技構成プログラム ……………71

▶プログラム その1
- **第1場面** 「やってみよう」WANIMA・72
- **第2場面** 曲なし・74
- **第3場面** 「HERO」安室奈美恵・76
- **第4場面** 「その日は必ず来る」DREAMS COME TRUE・78
- **第5場面** 「友～旅立ちの時～」ゆず・80

▶プログラム その2
- **第1場面** 「BRAVE HEARTS」佐藤直紀（「海猿」サウンドトラックより）・82
- **第2場面** 「EMERGENCY」佐藤直紀（「海猿」サウンドトラックより）・84
- **第3場面** 「起死回生」田渕夏海（「下町ロケット」オリジナルサウンドトラックより）・86
- **第4場面** 「夢にむかって」田渕夏海（「下町ロケット」オリジナルサウンドトラックより）・88
- **第5場面** 「下町ロケット Main Theme」服部隆之（「下町ロケット」オリジナルサウンドトラックより）・90
- **コラム** 計画の変更!!／大人がやってみる!!……………92

第5章 安全な「組体操」づくりに欠かせない！指導ポイント＆必須知識 ………93

隊形と隊形移動の指導のポイント・94／隊形の実践例・95
技を組むときのコツ・98／力のバランス・100
練習から本番までのプラン……………102

- ★ 1日目・102　★ 2日目・103　★ 3日目・104　★ 4日目・105
- ★ 5日目・106　★ 6日目・107　★ 7日目・108　★ 8日目・109

さくいん……………110

第 1 章

「組体操」を安全に成功させる！指導の秘訣 10のステップ！

組体操を安全に創り上げるための10のステップを紹介します。安全に組体操を行うためには，指導者が事前にどれだけ準備しているかにかかっています。また，指導者が組体操に対しての知識があるかないかによって，安全な技が危険な技にかわります。学年，学校の先生方と話し合って安全な組体操をつくりましょう。そして，何よりも子どもたちの笑顔が見られるよい組体操をめざしましょう。

子どもの実態把握

1.組体操実施前

　組体操の計画（構成プログラム）を作成する前に児童の実態を把握しなければなりません。なぜなら、子どもの実態に合わせて技を決めなければならないからです。

子どもの実態把握

技の選定・プログラム作成

　教師が考えた技に子どもたちが合わせるという意識ではなく、子どもの実態から技を選び、プログラムを構成しなければなりません。

事前確認ポイント

- □組体操に参加する児童数
- □組体操に参加する児童の男女比
- □児童の身長・体重の一覧　□腕の長さ
- □児童の運動能力　□団結力
- □授業態度　□友人関係　　　　など
- ⇒実態を十分把握すること

　子どもたちの可能性を最大限に引き出すには、事前に実態を把握する必要があります。少人数で組体操を実施する場合、普段の授業から事前に児童一人一人の実態を把握できていることが多いですが、5・6年生合同で組体操をつくるなど多人数で実施する場合、事前に児童一人一人の実態把握まで至っていないことが多いです。そのため、組体操をつくる前にそれぞれの担任と打ち合わせを行い実態把握に努めなければなりません。

　2人組や3人組を作るときには、身長・体重の一覧表を見て、土台や上に乗る人を決めなければなりません。事前に身長・体重の資料を準備し、それぞれの児童に合ったポジションを提案できるようにしましょう。組体操で2人組などを作る場合、児童を背の順で並べて、個々の状況を考慮せず、一律に身長が低い人が上に乗り、身長が高い人を土台にすると、身長は高いが体重は軽い人は、土台として苦しい思いをしてしまいます。身長と体重の両方を見てポジションを決定できるようにしましょう。

2.組体操練習中

　気温や湿度が高い状態では、熱中症にかかりやすくなってしまうことは、もちろんのこと児童の気持ちが散漫になり、集中して練習に取り組むことができません。また、気温や湿度が低い値を示していても子どもたちの表情を見て、集中できていなければ練習メニューを変更したり、練習を延期したりする決断ができるようにしましょう。

　休み明けなどで、体調がすぐれない場合は、無理をせず、見学ができる環境を準備しましょう。

　特に週明けや給食を食べたあとの練習では、体調を崩しやすいので、十分配慮して看ていく必要があります。

練習確認ポイント

- □子どもたちのテンション（気分）はどうか
- □気温や湿度に伴う児童の体調
- □週明けや午後からの練習に向かう姿
- □体調確認（顔色等）
- ⇒無理のない指導をすること

ステップ2 前年度の確認

前例を踏襲しない

組体操を実施すると決定した際には、特に留意すべき点があります。それは、前年度の計画に拘ることなく柔軟に技や隊形などの工夫をすることです。教師は、保護者の期待から、前年度より難易度の高い組体操をめざそうとする傾向があります。毎年、前年度より、難易度を高い組体操をめざしてしまうと、体に大きな負担がかかる技に挑戦することになります。また、難易度を高くすることをめざしていると必ず限界がきます。

そこで、隊形移動やスピードの変化など、安全にできる技を工夫して行うことが大切になります。

高さや段数を検討してみる

タワーやピラミッドなど高さのある技について、昨年もやっていた技だからと伝統とせず、今年度、指導する子どもたちの実態に合わせて丁寧に検討する必要があります。

また、学年によって男女比がバラバラだったり、身長が高い児童が多い年、少ない年などバラバラだったりします。そのため、前年度と同じ技に挑戦すると無理が出てきます。無理をさせて前年度通り実施してしまうと、大きな事故につながります。子どもの実態に応じて、その年その年で変化する必要があります。

一斉からズレを作る

立体的な技だけに重点を置かず、技のスピードやテンポなどにも着目するとよいでしょう。例えば、一斉に全員が倒立をする場面を1列ごとにテンポよく順に倒立することに変更し、ズレを作ることで見え方が大きく変わります。一気に技を作ったり、端から順にテンポよく技を完成させたりすることで、技に動きが出てきます。また、技を完成させる時間も早くしたり遅くしたりすることで、ズレを作ることができます。そのことで、同じ技が全く違う技に見えるようになります。

前年度の反省から

事故に至る可能性のあった出来事を発見することが大切です。前年度に組体操を指導した先生方に練習で「ヒヤリとした」「ハッとした」（ヒヤリハット）ところを聞き、改善することを目指しましょう。

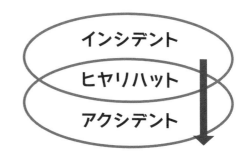

インシデントは、事故に至る可能性のあった「出来事そのもの」です。言い換えると事故に至らなかった出来事です。事故に至らなかったことで、

「ひやり、ハッとしない」
→「なにも問題ない」

になってしまうと危険です。前年度の組体操を振り返ることで、危険を感じ、アクシデント（事故）にならないようなシステムを考える必要があります。

ステップ3 指導計画の作成

スケジュール

5～6週間前

どんな組体操をするのかテーマや技，曲を話し合って決めましょう。また，練習計画やカウント表を作成し，職員間で共通理解を図りましょう。技の選定は，「これぐらいは，できるだろう」と安易に考えず，教師自ら技を試してみて，具体的な指導の仕方を考えていきましょう。
管理職の先生に組体操の全体像を伝え，安全に組体操ができるように学校組織全体で取り組めるように努めましょう。

4週間前

児童にカウント表を渡し，組体操では，どのような技をするのか把握できるようにしましょう。また，動きをイメージできるように昨年までのビデオを編集し，全体像をイメージできるようにしましょう。

3週間前

体育館で練習を始めます。技の難易度に合わせて1時間で教える技の数を考えましょう。1時間で完璧にできるようにさせるのではなく，毎時間，復習をする時間を設け，繰り返し練習できるようにしましょう。

1週間前

グラウンドで練習を始めます。音楽に合わせて隊形移動ができるように，一曲ずつ指示をしながら行いましょう。また，運動場では，無理に技の練習はせず，音楽に合わせて，タイミングよく移動したり，隊形ができたりできるように練習しましょう。

5日前

技を完成させ，すべての場面を通しで練習できるようにします。雨が降って練習する時間が少なくなっている場合や技が未完成なところがある場合は，思い切って技を変更したり，外したりしましょう。残り5日間は，新たな技の練習ではなく，今できている技をより完璧にできるようにしましょう。

本番前日

本番の前日に，組体操の本番に補助で入っていただける教職員の方々と最終確認をします。組体操が安全に実施できるよう全体指導担当者が細かなところまで確認します。

具体的な指導

毎時間の練習計画を作成しましょう。特にクラス数が多い学年は，練習するときに共通理解が必要です。分刻みの細案があれば，どの先生にも次の動きを見越して，スムーズに指導していただけます。全体指導担当者だけが練習内容を分かっていて，他の先生が分からなければ，全体指導担当者以外の先生は，積極的に指導できなくなります。安全な組体操を行うためにもそれぞれの先生がどのような指導をすればいいか明確にしておきましょう。

安全確認ポイント

- □1時間の指導で，どのようなことをするのか具体的な指導計画を作成しよう。
- □計画がすべてではなく，子どもの実態に応じて変更するようにしよう。

技の選定

どのように技を選ぶか

　技を選ぶ前に子どもの実態把握をしておきましょう。児童の身長や体重などは，直前でも把握できますが，体力に関しては，練習直前では厳しいです。運動会が2学期にある場合は，1学期に体育の時間に類似技を試してみて，子どもたちの体力がどのくらいあるのかを把握しておきましょう。また，体力がない場合は，普段の授業を通して少しずつ改善できるようにしましょう。

　技を選ぶときには，以下の事前確認ポイントに気を付けましょう。

事前確認ポイント

- □児童の人数
- □構成年齢（5年，6年生）
- □昨年，5年生で体験したか
  　（やったことがある技）
- □体格（身長，体重）
- □体力
- □精神面
- □練習時間
- □補助をしてくれる先生の人数

体格や体力に合った技

　技を考える上で，最重要ポイントは，「安全性」です。子どもたちが持っている力を十分発揮できる技を教師が選択しましょう。大事にしなければならないことは，子どもの体格や体力に技を合わせることです。

✕ 技 → 体格・体力

　できない技をできるようにするために教師が指導し引っ張り上げることで，子どもたちのモチベーションも上がり，達成感を感じやすくなるでしょう。しかし，その技が難しすぎると危険が伴います。

〇 体格・体力 → 技

　そこで，子どもたちの体格や体力を考え，少し頑張ればできる技を選択できるとよいでしょう。

見栄えよくする技

　組体操の技を考えるときに同じ技を全員にさせなければならないと考えていませんか。しかし，難易度の違う技を組み合わせて行うことで，体格や体力に差があっても見栄えよく見せることができます。個人の技を見せるのではなく，集団美で見ている人を魅了できるようにしましょう。

安全確認ポイント

- □運動会直前に児童の実態を把握するのではなく，学年が始まった段階から把握できるようにしよう。
- □技ありきではなく，児童の実態から技を選択しよう。

ステップ5 音楽・隊形の選定

曲選び

曲選びは，組体操全体のイメージを決めます。特に歌詞ありの曲にするとメッセージ性が強く出るので，気をつけて選びましょう。また，曲の速さによってもイメージが変わってきます。たくさんある音楽の中から，イメージに合う曲を選べるようにしましょう。

しかし，運動会直前になってたくさんある音楽から選択することは困難です。日ごろから流行りの曲，ドラマ・映画の主題歌，サウンドトラックなどに気を留め，運動会で活用できるようにしましょう。

曲選びのポイント
- □拍子がとりやすいか。
- □みんなが知っている曲か。
- □曲とイメージが合っているか。
- □盛り上がりが分かる壮大な曲であるか。

演技構成を考える上で，1曲だけでは，単調なリズムになりやすいです。4曲以上を組み合わせて「物語性」のある組体操になるように心がけましょう。「物語性」とは，起承転結のある構成展開です。例えば，1人技で一体感を見せたければ，リズミカルで拍をとりやすい曲，フィナーレで盛り上がるようにしたければ，曲のサビの部分が盛り上がるような曲など，それぞれの場面に合った曲を選択できるといいでしょう。また，音楽も1曲まるごと流すのではなく，音楽を編集して演技しやすいように工夫するとよいでしょう。サビの部分に技の完成が揃うと演技している子どもたちも気持ちがよいですし，観ている人からも自然と拍手をしていただけます。

隊形

同じ技でも隊形によって見え方が違ってきます。各技が効果的に見えるように隊形を選びましょう。例えば，列が揃っているような下の図の隊形は，外側の人から順番に技を完成させることで，ウェーブしているように見せることができます。

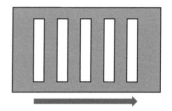

密集して技を完成させれば，力強く見えたり，列が交差している隊形では，美しく見えたりします。曲や場面のイメージに合わせて隊形を考えましょう。

また，隊形の工夫は，形だけではありません。移動の仕方も重要です。場面の転換と共に一気に違う隊形になることは，観ている人を魅了します。そのため素早く移動する練習も必要となります。素早く移動するためには，最短距離で移動することが重要になるので，隊形の計画の時から誰がどこに移動するか決めておきましょう。そして，移動したときには直立姿勢を維持することで，気が締まった演技になります。

安全確認ポイント
- □物語性のある曲選びを心がけよう。
- □技に合う隊形を選ぼう。

ステップ6 カウント表の作成

カウント表とは

カウント表とは，組体操をつくる設計図のようなものです。曲の拍に合わせて，どの技をどのタイミングでやればよいのかを書いていきます。1曲に対して1枚のカウント表を作成したり，1人技，2人技，3人技のように技の種類によって1枚ずつカウント表を作成したりするとよいでしょう。

作成するにあたって

カウント表には，5つのことが書いてあると，子どもも教師も一見で，組体操の全体像が見えてきます。

1つ目は，拍（カウント）です。ステップ5でも説明しましたが，拍は，8拍または，4拍ずつカウントされている音楽がよいでしょう。音楽によっては，8拍の途中で4拍が入ることがあります。どのタイミングで違う拍が入るか一見できると，拍を数えやすくなります。

2つ目は，時間です。これは，練習の時にできなかった技をやり直すときに使用します。○○技からやり直すときに，どこから音楽をかけ直してよいか困るときはありませんか。時間を書いているとスムーズに技の練習ができるようになります。

3つ目は，技の名前や動きです。どのタイミングでどんな技をするのか細かく書いておきます。詳しく書くことで，全体指導担当者以外の先生でも指導することができます。また，8拍の中のどこで技を決めるのかをはっきりさせておくことで，それぞれの児童や教師が間違った解釈をすることを防ぎ，練習時間の短縮にもつながってきます。

4つ目は，技のイラストです。初めて組体操を行う児童は，どんな技をするかイメージがつきません。イラストがあることで，全体で動きを共有でき，安心して活動することができます。

最後に隊形です。隊形移動は，全体指導担当者だけでは，指示ができません。隊形が共通理解できていることで，子どもたちは指示されることなく自分で考えて動くことができますし，補助で入っている先生方も隊形移動を指示することができます。

安全確認ポイント

☐ カウント表があると見通しを持って活動できる。見通しを持つことで，安心・安全に組体操ができる。

3曲目

拍	時間	技	動き	技の説明	隊形
		前奏			
8	0:07	気を付け	1人技の場所で気を付け		
8	0:10	気を付け			
8	0:14	移動	トラックを走って移動		
8					
8	0:21		自分の場所にきたら立っておく		
8	0:25	自分の場所で座る	①で座る		
8		順番に立つ			
8		順番に立つ	2呼間ずつ立つ		
8	0:36	全員倒立	①で全員倒立		
8		全員おろす	①で全員おろす		
8	0:43	順に倒立			
8		順に倒立	2呼間ずつ倒立		
8	0:51	おろす	1呼間でおろす		
8		待機	①で待機		

ステップ7 補助体制・学年の共有

学校組織として

　組体操の実施の可否については，学校長の責任のもと学校でどのような判断基準を設けるとよいかを話し合う必要があります。管理職，主幹教諭，学年主任，体育主任，養護教諭などが会議を開き，児童の安全を最優先に総合的に判断することが大切です。当該学年は，毎年よいものを完成させたいと思うものですが，周りの教員が客観的に判断して，安全に実施することができる仕組みを作らなければなりません。当該学年だけで，組体操をつくってしまうと視野が狭くなり，結果的に児童を危険にさらしてしまう可能性があります。

実施基準例
① 指導について：組体操の知識や経験がない教員が組体操の指導をすると危険です。必ず，全体指導担当者は，組体操の知識や経験を有している人が務められること。
② 児童について：児童が演技をするにあたり，基礎的な体力（支える力，持ち上げる力）などを有していること。また，学年集団がルールを守り，指導者の指示を聞き，集中して活動ができるなどの学習規律が整っていること。

　上のような実施基準を設け，総合的な判断の上で，今年の組体操は，どこまでの技を実施してもよいか決めていきましょう。子どもたちの安全を守るため，学校組織が一体となって組体操をつくりましょう。

補助体制

　児童が安心して組体操を実施するためには，補助をする教員の人数を確保する必要があります。肩車やサボテンなどの技であれば，児童同士がお互いに補助をすることは可能です。しかし，大きな技や高さのある技を実施するには，教員が補助をして，万が一に備えなければなりません。

　しかし，組体操を補助する教員は，当日だけ参加してはいけません。事前の練習で子どもの実態や技の様子を見て，どこが危険なのか，どこに立っていればすぐに対応できるかを把握する必要があります。また，補助にあたる教員は，目立たないようにすることよりも，目立ってしまっても，子どもの安全を最優先にしなければなりません。事前の練習から参加し，子どもの安全を守れる体制をつくりましょう。

学年の共有

　学年で指導計画（全体計画・1時間ごと）を事前に協議し，管理職の承認を受けましょう。特に全体計画は学年の教員どうしで内容を共有できていても，1時間ごとの指導内容を把握できていないことがあります。全体指導担当者だけが指導内容を知っているのではなく，学年全体が指導内容を共有できる仕組

みを作りましょう。右の図のように何時から何時は，どの練習をするのか明確にすることで，教員集団で組体操を指導する仕組みができあがります。そのことで，安全面も共有することができます。

安全確認ポイント
☐ 組体操は，当該学年だけでなく，学校全体で考えていこう。

チェックリストの作成

臨むにあたって

項目	確認
子どもたちの基礎体力を確認した（倒立・腕支持など）。	
前年度の組体操の計画・ビデオを視聴した。	
子どもの体形（身長・体重）のリストを把握できる資料を作成した。	
全体指導担当者を決定した。	
組体操のイメージや目的を共有した。	
曲を決定した。	
カウント表を作成した。	
指導計画を作成した。	
管理職と打ち合わせを行った。	

指導内容確認リスト

項目	確認
児童にルールを徹底した。	
児童に技の危険な場所をあらかじめ説明した。	
児童に安全に行うための方法を説明した。	
運動の特性に合った準備運動を行った。	
補助のポイントを明確に説明した。	

環境等の確認リスト

項目	確認
天候や気温・湿度・熱中症危険度数を確認した。	
授業前，授業後に児童の体調，ケガについて確認した。	
児童の体力に十分配慮して練習を行った。	

安全確認リスト

項目	確認
運動場や体育館の整備がきちんと行われていた。	
補助がいることを確認して，指導に当たった。	
前後左右に間隔をとり，練習を行うように指導した。	
習熟度に応じて技を指導した。	
無理に技を練習させなかった。	

事後確認リスト

項目	確認
本番の映像を確認した。	
今年度，危険だったところをリストにあげ，改善点について職員間で話し合うことができた。	

イメージの共有

ゴールをイメージ

初めて，組体操を行う子どもたちにとって，まずは，今からどんなことをするのかゴールをイメージすることが大切です。そこで，昨年度までの運動会の映像を観て，これから数週間，練習するための目標を設定させます。このときにどのような姿がすごかったかなど，子どもたちが感じたことを発表できるとよいでしょう。教員から，「○○しなさい」と言わなくても，子どもたちが映像を観て，「○○するとかっこよく見える」など主体的に練習に取り組むことができるようにします。

客観視するために

1人技や2人技をするときに自分の体がどうなっているか客観視できるとよいでしょう。そこで，グループにタブレット端末を渡し，それぞれの練習で撮影（静止画）できるようにします。例えば，V字バランスやあおむけ腕立て，片手バランスのような技をするときの足がまっすぐ伸びているか，腰がまっすぐになっているかは，やっている本人は，なかなか気づくことができません。しかし，タブレット端末を使って自分の動きを客観的に観ることで，自分の改善点を見つけることができます。自ら改善点に気がつくことで，主体的に学習に取り組むことができます。

演技全体を観る

練習後半になってきたら，自分たちの演技した映像（動画）を観る時間を設けましょう。自分たちの演技がどのように観えているのか客観的にとらえることで，自ら評価し，課題を発見することができます。見つけた課題を学年で共有しておけば，次の練習に生かすことができます。また，子どもたちは，動画を撮影されるとモチベーションも上がります。本番をイメージして練習するときなどに効果的です。

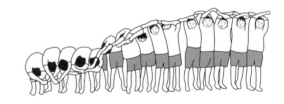

V字バランス

あおむけ腕立て

片手バランス

安全確認ポイント

- □ ゴールを観せることで，練習ではイメージを持って取り組むことができる。
- □ 身体の使い方は，静止画で確認することで，主体的に学ぶことができる。
- □ 演技全体の動画を観せることで，課題を持って練習に取り組むことができる。

臨むにあたって

教員が大切にすること

1．子どもの実態把握
　子どもの実態を把握することが大事です。身体測定や体力・運動能力調査の結果から一人一人に合った技の選定をしましょう。

2．安全が最優先
　技を完成することがメインになってしまってはよくありません。子どもたちの安全を最優先事項として練習に取り組みましょう。指導者の人数に限界があるので，それに合った技の選定をしましょう。

3．変更することを念頭において
　教員が思った以上に技が完成しなかったり，雨で練習時間が短くなったり予想外のことが起こります。そこで，無理は禁物です。予定を変更して，子どもたちが安心して取り組める組体操を提案しましょう。

4．教員間の連携を
　練習日の前日は，教員間で打ち合わせを行いましょう。すべての児童が把握できるように連携することが大事です。また，練習が終わったあとの子どもたちの様子をお互いに確認し合いましょう。

5．事前準備は徹底的に
　限られた時間内に練習をするため，効率よく指導できるようにしましょう。安全に練習するためにも緊張感のある場をつくりましょう。

子どもに大切にさせること

1．真剣に取り組む
　どんな技でも真剣に取り組めるようにさせましょう。緊張感がない練習では，大きなケガにつながります。また，素早く行動するなど技の練習以外でも緊張感が切れないようにさせましょう。

2．危険回避
　危ないと思ったら無理をせず，すぐに中止するようにさせましょう。児童の一人でも不安を抱えているようだったら，何が不安か解決してから技に取り組めるように指導しましょう。

3．安全に練習する
　子どもたちだけで練習させてはいけません。子どもたちは，練習で技ができるようになると気持ちが高揚し，自分たちで技に挑戦したくなります。しかし，教師が見ていないところで練習すると，大きなケガにつながります。1人技を除き，すべての技に対して「教師がいるところで練習する」ことを約束させましょう。

4．身の回りのこと
　組体操の練習をする前に身の回りのことを確認するようにさせましょう。服装，髪，爪など，ルールを決めて，ケガをしないように徹底しましょう

5．気持ちよく演技する
　主体的に楽しんで演技できるようにさせましょう。全力で取り組み，達成感を味わわせましょう。

難しい技を教えるのではない!!

　最近の学校では、団塊の世代の退職により、新任教師がほとんどの学校で1人以上は在職していませんか？　そのため、採用されて2年目、3年目の先生でも高学年の担任を任されることがあり、熱心に組体操を指導する姿が多く見られるようになりました。そのような先生方が、技の見栄えを重視するあまり、昨年の組体操より高度な技にチャレンジしようという思いで熱心に組体操を計画することを多く見かけるようになりました。もちろん、同じ指導を繰り返すのではなく、新たな指導に挑戦することは、すばらしいことですが、それが子どものためになっていなければ意味がありません。高学年の一部の先生に指導を任せるのではなく、なんのために組体操をするのかを学校全体で考えていき、昨年度の組体操と競うのではなく、目の前の子どもたちの成長を第一に考え、指導しなければならないと思います。技ができるようになることよりも一生懸命取り組む姿や仲間を励まし合う姿を評価できるように学校全体で意識してもらいたいです。

怒鳴らない!!

　組体操の指導中、怒鳴り声が聞こえてくることはないでしょうか。組体操の初日は、組体操の練習に向けて、緊張感もあり、運動会当日に向かって一生懸命取り組むはずです。しかし、練習開始から数日後、練習が淡々と進んでいく中、子どもたちのモチベーションが下がり、注意が散漫になっている児童に怒鳴り声が飛ぶ。このような練習場面は、ありませんか？　もしかすると指揮をとっている教師が、小学生や中学生の頃に同じように指導されてきたのであれば、この指導方法に疑問を持つことはできないかもしれません。しかし、このような授業でどんな学びがあるでしょうか。怒鳴らないためには、教師がどのように指導するかという指導計画が大事です。私が組体操を指揮するときは、授業のはじめに、「今日はどんな技に挑戦し、どのようなことに注意して練習に取り組むか」をはっきりさせています。そのため、予定より早く終わった場合は、休憩を長くとることもあります。ここまで、できれば今日は終わりというゴールを示すことで、子どもたちは主体的に練習に取り組んでいきます。また、ゴールに達しなかった場合でも、子どもを怒鳴るのではなく、指導計画の見直しを考えます。根性論ではなく、筋道立てた指導を一貫することで児童それぞれが課題を持って学習に取り組むことができるようになります。

第 **2** 章

安全な「組体操」の新定番 新技大公開！

『子どもも観客も感動する！「組体操」絶対成功の指導BOOK』（明治図書，2014年刊）には載っていない新技を紹介しています。また，安全に技を成功させるには，どこに注意して行えばよいか詳しく載せています。
練習するときにどこに着目して指導すればよいか，安全面に配慮して練習に取り組みましょう。

2人技　★新補助倒立

指導のステップ

①

手は肩幅。

腕が地面と垂直になる位置へ補助する人が移動する。

倒立する人が足を補助する人の肩にかける。

②

体を前に倒さず，上に持ち上げていく。

手と手の間を見る。

補助する人がゆっくりと立ち上がる。

③

ひじを伸ばす。

できるだけ腰を伸ばす。

ポーズを決める。

技の応用

片足ずつ持てば3人技にもなる。

安全ポイント
倒立する人：通常の補助倒立と同様，ひじを伸ばし，手と手の間を見る
補助する人：体を前に倒さず，上に担ぐようにしてからひじを伸ばす
どこまで上げることができるのか確認し合うことが大切である

2人技　★オープントップバス

指導のステップ

① 膝を立てて寝転ぶ。／足を開いて立つ（腰のあたり）。
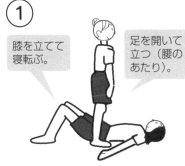
準備をする。

② 手は地面と垂直になるように足の位置を動かす。／指先を下の人の足先の方に向ける。

上の人が下の人の膝に手をつく。

③ 足首の上あたりを持ち上げる。

下の人が上の人の足を持ち上げる。

④ できるだけ腰を上げる。／ひじを伸ばす。

上の人は、土台の人の膝から腰をはなして、ポーズを決める。

⑤ 片足ずつ、できるだけ腰の方におろす。

下の人が上の人の足をおろす。

⑥ 直立ピンの姿勢。

元の姿勢に戻る。

安全ポイント
- 上の人：膝の上に乗せる手の向きと角度（地面と垂直になるよう）に気をつける
- 下の人：上に乗る人が手をついてからは、足を動かさない／ひじを伸ばす

第2章　安全な「組体操」の新定番　新技大公開！

2人技 ★カンフー回転

指導のステップ

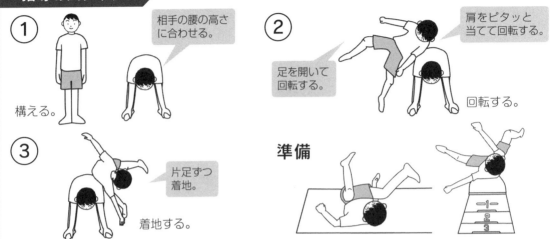

① 構える。 相手の腰の高さに合わせる。
② 足を開いて回転する。 肩をピタッと当てて回転する。 回転する。
③ 片足ずつ着地。 着地する。
準備

安全ポイント
土台の人：高さを合わせて背中を水平にする
回転する人：なるべく相手の背中と接している時間を長くする
準備：床やマット，補助台などで回転の感覚をつかむようにして臨む

2人技 ★連鎖ブリッジ立ち

指導のステップ

① 構える。
② 膝を伸ばし，ゆっくりと倒れる。 そる。 タイミングを見て，そっている人を押し上げる。
③ 直る。

安全ポイント
そるときや直るときにタイミングをずらしてウエーブのように行う
一斉でも美しい
土台の人：①馬跳びのようにかがみ，そっている人を受け止める
　　　　　②タイミングを取り，起き上がるのを助けるように押し上げる
そっている人：①膝を伸ばして重心は残しながらゆっくり背面にそる
　　　　　　　②タイミングを見て起き上がる

3人技 ★ ミニトーテムポール

正面から　横から

指導のステップ

① 前から，中ぐらいの子，大きい子，軽い子。

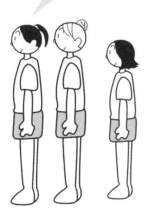

3人で縦に並ぶ。

② しっかり手をついておく。

前は四つん這い，中は土台の肩に手を置く。

③ 軽く助走をしてもよい。
背中をまっすぐに。

後ろの子が中の子の腰に馬跳びで軽く飛び乗る。

安全ポイント
馬跳びで確実に腰に飛び乗れるようにペアで練習をしておく
中の子は背中をまっすぐにして上の子を落とさないように気をつけよう
決めポーズの時に上の子は背筋を伸ばすと見栄えもする

第2章　安全な「組体操」の新定番　新技大公開！

3人技 ★おみこし

指導のステップ

① お互いの手を組む。

2人が手をはしごのような形にして組む。

② 腕をしっかり握る。

③

自分の腕、相手の腕をしっかり握っているか確認する。

④ 片足ずつゆっくり。 土台の肩を持つ。

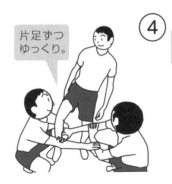

声を合わせて、持ち上げる。

⑤ 上に乗る人の重心は前に。 ⑥

手をはなして横に広げれば完成！

安全ポイント 土台の2人の距離感が大事。はなれすぎず近づきすぎず、右腕のひじを曲げすぎないようにする

4人技　★ だるまおとし

指導のステップ

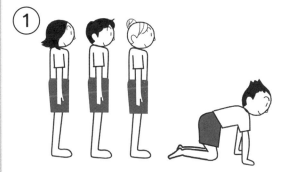

① 体の大きさの順に　小大中小の順に1列に並ぶ。

② 一番前の人（小）が四つん這いになる。次の人（中）が前の人の肩に手をつき足は開く。

四つん這いの足は，足の甲を地面につけるようにする。

③ 3番目は四つん這いで前の人の足の間に頭を入れる。手は前の人の足の外側につく。

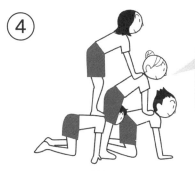

④ 4番目は3番目の肩に足を乗せて，手は2番目の肩に置く。正面を向いて完成。

手や足を置く位置を確認して，安定させる。

 安全ポイント
四つん這いになるときの手と足のつき方がケガの防止につながる
一気に完成させるのではなく，乗る場所や4人の距離など一つ一つ確認をしながら練習に取り組むことが大切

4人技 ★騎馬

指導のステップ

①
土台の3人が三角形を作るように座る。

②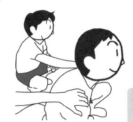
肩をしっかり握る。

③
しっかりと指をからませよう。
指をからませて足を置く場所を作る。

④
土台が完成すれば馬に乗る人がまたがる。

⑤
手の上に足を乗せる。

⑥
声を合わせて持ち上げよう。
上に乗る人は後ろの人の肩を持とう。

安全ポイント　土台は，指と指をからませ，上の人の足が外れないようにする
土台の後ろ2人は，左右に開きすぎないようにする

5人技 ★ サボテンの花

指導のステップ

① 背の高さが左右対称になるようにする。

左右の人の身長が同じようになる。

② 膝をつける。

両サイドの2人が膝を立てて，あおむけになる。

③ ちょうど膝がつく距離。

真ん中の2人が土台の膝の上に腰をおろす。

④ 乗り手が安定するように腕を巻き付ける。 膝を内側から押さえる。

中心の1人が，大腿部の上に乗る。

安全ポイント
乗り手が安定するように土台の人は腕を膝に巻き付けるようにする
真ん中の2人の膝がつくように左右の土台の人の距離を決める

5人技 ★ダイヤモンド

指導のステップ

①  腰あたりが水平になるようにする。

構える。

 上から　土台の3人の腰と肩が一直線に並ぶように。

②  土台の腰の上に片足を置く。　膝の裏から膝下を持つ。

乗る。

③  腕でダイヤモンドをつくる。

 安全ポイント
四つん這いの土台：安定させるために，腰を水平に保つ
片膝立ちの土台：肩に乗せた足を支える
上に乗る人：足の裏全体で土台の腰の上でバランスを取る

6人技 ★スター

指導のステップ

① 6人で円をつくり，体の大きな子は内向き（土台になる），体の小さな子は外向きになる。

② 内側の3人が中央に向かって腕立ての姿勢になる。

ひじを伸ばして安定させる。

③ 外側の3人が腕立ての姿勢になり土台の3人の肩に片足ずつ乗せる。

④ 足がぶつからないように両足を乗せて，ひじ，膝，体をまっすぐにして顔を上げて完成。

安全ポイント 円になったときの距離が大切
土台の腕立ては，距離や足を乗せる場所がつかめるまでは，膝をついて安定した状態で何度も練習する

第2章 安全な「組体操」の新定番 新技大公開！

6人技 ★クイックピラミッド＋α

指導のステップ

①
クイックピラミッドを完成させ，正面で決める。

②
1段目に乗せていた手を膝に当てる。
1段目の外側の2人が抜ける。

③
手をはなしたときにバランスをくずさないように気をつける。
1段目の真ん中も抜け，3人で手を広げ決める。

④
抜けた1段目の3人が前で決めポーズをする。アレンジ可能である。

安全ポイント　2段目の人は1段目に重心を預けすぎると1段目が抜けたときにバランスをくずしてしまう場合があるので，自分の体をしっかりと保持するようにしよう

7人技 ★ 7人立体扇

指導のステップ

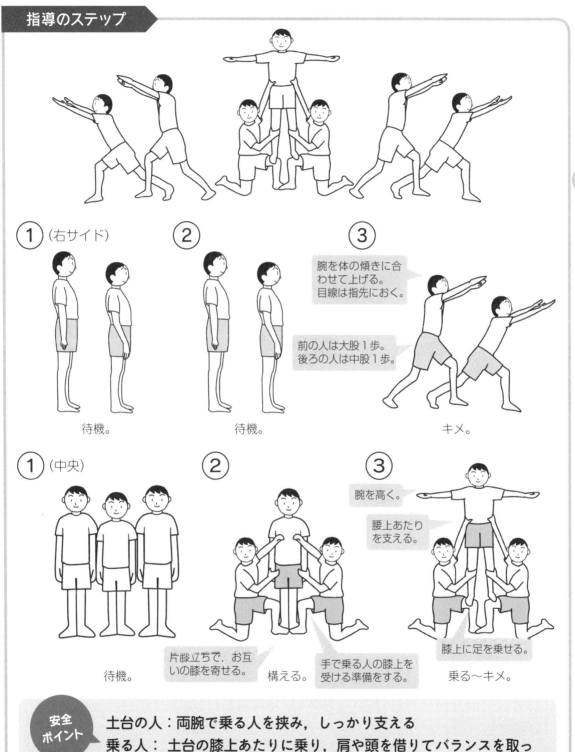

① (右サイド) 待機。
② 待機。
③ 腕を体の傾きに合わせて上げる。目線は指先におく。/ 前の人は大股1歩。後ろの人は中股1歩。／キメ。

① (中央) 待機。
② 片膝立ちで、お互いの膝を寄せる。／構える。／手で乗る人の膝上を受ける準備をする。
③ 腕を高く。／腰上あたりを支える。／膝上に足を乗せる。／乗る〜キメ。

安全ポイント
土台の人：両腕で乗る人を挟み，しっかり支える
乗る人：土台の膝上あたりに乗り，肩や頭を借りてバランスを取って乗る

多人数技 ★サンフラワー

指導のステップ

①
一番端の人があおむけになって膝を立てる。
膝をつける。

②
膝の上に座る。
膝の上に乗る。

③
2人目も座る。
腿の上に乗る。

④
少しずつ後ろに体を傾けていく。
ゆっくり倒れる。

⑤
肩甲骨の後ろを支える。

⑥
体が一直線になる。
左から2人目は土台の人に預ける。

安全ポイント 全体の距離が大事になるので，何度か練習して，自分たちにあった距離をつかむ

安全な「組体操」の技と指導 全部紹介！

技の構成人数ごとに紹介していきます。技によっては難易度の高い技，低い技があります。子どもの実態に合わせた技を選択しましょう。

安全に技を成功するには，指導者の声掛けが大事になります。あらかじめどこが危険なのかを把握した上で，どのように指導すれば安全で，子どもたちに負担なく練習することができるのかを計画しましょう。

1人技 ★肩倒立

指導のステップ

① あおむけに寝て、両足のつま先を頭の上につけるようにする。

もし、この姿勢ができなければ背中を支えて補助をする。

② 両手で腰のあたりを支える。このとき、肩と上腕は地面につきバランスを取るようにする。

③ 完成

腰を両手で支えた状態から両足を真上にする。つま先は真上に向ける。足の先、膝、おしりに力を込める。

安全ポイント 肩・首のストレッチをしてから行う
首で支えないようにする

1人技 ★ななめ十字

指導のステップ

① 完成②を上から見た図

片手支持の状態から両足を合わせるのではなく、バランスが取れるぐらいまで両足を開く。

足の先、腕、おしりに力を込める。バランスが取れるようになれば、両足を少しずつ近づけていく。

② 完成

安全ポイント 両足を重ねると足に負担がかかる。足を前後にずらすことで安定し、体の保持も楽になる

1人技 ★ V字バランス

指導のステップ

① おしり，両手，足をついた状態で座る。

② 足を上げる。重心は，手の方にかけてバランスを取る。腹筋，背筋に力を入れて体をしめる感覚を養う。

③ 体をしめる感覚，バランス感覚がつかめれば，手の重心をおしりの方に移動し，バランスの取りやすい姿勢をつかむ。

④ 完成

安全ポイント 重心を後ろにすると体への負担が減る

1人技 ★ ブリッジ

指導のステップ

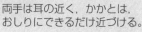
① 両手は耳の近く，かかとは，おしりにできるだけ近づける。

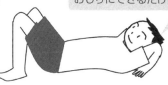
② 足の裏全体をついて腰を上げる。バランスの取れる足の開きをつかむ。

③ ②の状態から補助者をつけて手のひら全体で床を押すようにして上げる。

④ 完成
手と足で同時に上げる。両手と両足の距離がはなれすぎないようにする。へそを真上に上げるようにする。

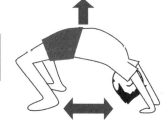

安全ポイント 補助者とタイミングを合わす 手首のストレッチを行う

1人技

> ★ **指導ポイント** 見栄えよく演技を魅せるためには，一つ一つの技を単体で演技するのではなく，技が次から次へ変化していくような技のつながりを意識しましょう。そのため，立位，座位，仰臥位，背臥位，横臥位など，技によって分類分けをして，スムーズに技をつなげられるようにしましょう。

★A字　→　T字　→　飛行機

顔を上げ，前を見る。

★ブリッジ　→　サマーソルトキック

指先を肩に近づけ，手のひらを地面につける。

★V字バランス　→　V　→　V字バランス

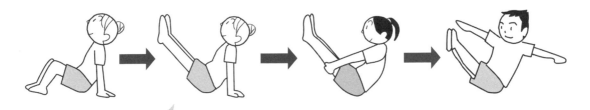

つま先を一直線に伸ばす。

1人技

★ アンテナ → 1人シンクロ → かぎかっこ → ロールケーキ

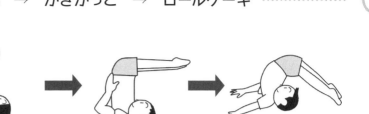

つま先までまっすぐ。　片膝ずつ交互に曲げ伸ばす。

★ あおむけ → 坂道 → 足上げピン → 空へだっこ

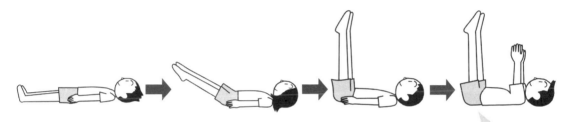

手と足を平行にする。

★ 腕立て → ななめ十字

頭からかかとまで一直線になる。　左右の腕は，一直線になる。

★ ダイブ → しゃちほこ → ゆりかご

顔を上げ，上を見る。

2人技 ★ 肩車

指導のステップ

① 構える。
- 土台が立ち上がるときに頭を持つ。
- 頭をしっかりと入れる。
- 膝の上の方を持つ。

② 上げる。
- 肩で持ち上げる。
- 頭を持ってバランスを取る。
- 腰を曲げない。

③ 完成　ポーズを決める。
- 足首を背中に回し，足の甲でしっかりと土台の人の体をしめる。
- 腕は水平。
- 膝を伸ばす。

安全ポイント
土台の人：腰をできるだけ曲げずに，肩で持ち上げる
上に乗る人：バランスを取り，足の甲でしっかりしめる

2人技 ★ サボテン

指導のステップ

① 構える。
- 足を開き，膝を曲げる。
- 上半身は前に倒さない。
- 手は膝の上の方を持つ。

② 頭を抜く。
- 頭が抜けるのに合わせ膝を伸ばす。
- 膝の上の方に足を置く。
- 頭を抜きながらひじを伸ばす。
- 下半身はそのまま。

③ 完成　ポーズを決める。
- 上半身を後ろに倒す。
- 手は水平。
- 胸をはる。

④ おろす。
- 軽くジャンプする感じで。
- 「せーの」でおろす。
- 手をはなし，脇を支える。

練習のステップ（3人で）

座って。

立って。

安全ポイント
土台の人：ひじを伸ばし，背筋を伸ばしてバランスを取る
上に乗る人：膝を伸ばし，腰から前に出すようにしてバランスを取る

2人技 ★ 補助倒立

倒立側から

横から

補助者側から

指導のステップ

① 直立ピンの姿勢。

2人の間隔を調整する。

② 体を開く。足を前後に開く。両手を軽く上げる。

指先を軽く開く。体重を後ろにかける。
構える。

③ 足から上に伸ばすようにふりあげる。踏ん張って、ふりあげ足をつかむ。

手と手の間を見る。
手のひらはパー。
補助倒立をする。

④ 完成 足首あたりを両手でつかむ。
足をそろえる。

ひじを伸ばす。
足を少し閉じる。
ポーズを決める。

⑤ 片足ずつおろす。軽く押し出す。

足の裏で着地。
補助倒立を戻す。

⑥ 直立ピンの姿勢。

姿勢を正す。

安全ポイント
倒立する人：ひじをしっかりと伸ばし、手と手の間を見る
補助する人：足を前後に開き、ふりあげ足を確実につかむ

2人技

> ★ **安全ポイント** 　技によって，同じ体格でペアを組んだり，体格差があるペアを組んだりします。技に合わせてペアを組むようにしましょう。また，子どもたちが練習する前に教員どうしで試してみて，無理のない技に挑戦するようにしましょう。

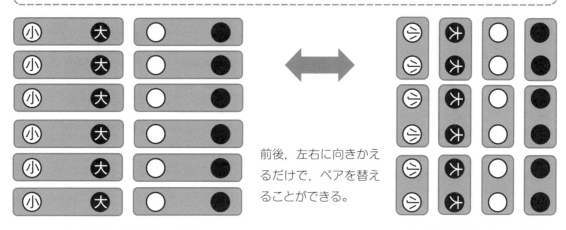

前後，左右に向きかえるだけで，ペアを替えることができる。

体格差のあるペア　　　　体格差がないペア

▶ **体格差のある2人技**

★ サーフィン

★ 肩車

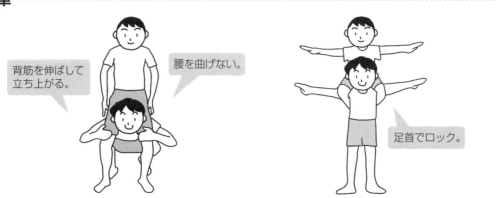

2人技

★ 水上スキー

★ スケート

★ エレベーター

★ 馬立ち

2人技

★ しゃちほこ

片足ずつ乗せる。

勢いをつけて，一気に両手を上げる。

★ すべり台

持つ位置が膝に近いほど，持ち上げるときに軽くなる。

片膝立ちだと，持ち上げやすい。

★ 橋

片足ずつ順番に持つ。ひじを伸ばした状態で持つこと。

上の人は，足首から頭まで一直線になるようにする。

★ 煙突

土台は，手を前に出し，受け止める準備をする。

腰のあたりを持つのではなく，支えるようにする。

2人技

体格差のない2人技

★ きのこ

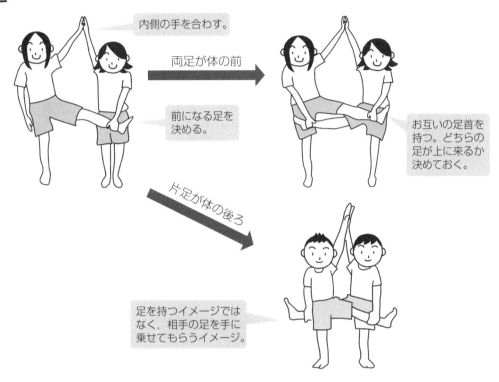

★ ふきのとう

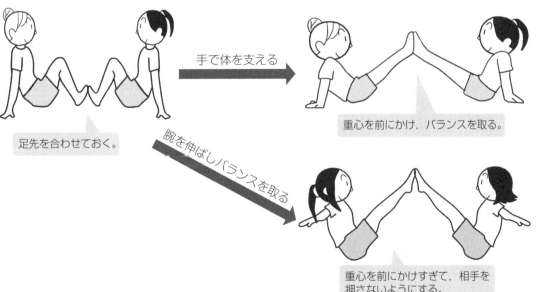

第3章 安全な「組体操」の技と指導 全部紹介！

2人技

★ 山

頭をできるだけ合わす。

より高い位置でつま先を合わせるように腰を上へ持ち上げる。

★ バランス

お互いがひじを持つと難易度は低く，手首どうしを持つと高くなる。

つま先を合わせて，支点になるようにする。

★ ロケット

手のひらを合わせる。

立つ

立膝

準備は，同じでも，決めポーズを場所によって，立膝にすることで，全体に立体感が生まれる。

外側の手は，地面に平行にするか，内側の手の角度に合わせる。

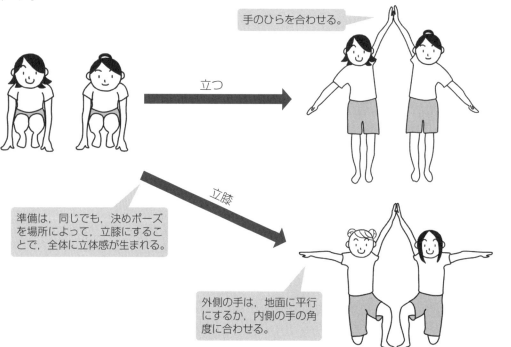

3人技 ★ ランジ

指導のステップ

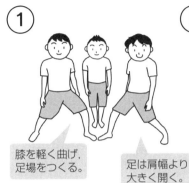

① 構える。
- 膝を軽く曲げ，足場をつくる。
- 足は肩幅より大きく開く。

② 上げる。
- 膝の裏から手を回して支える。
- 土台の肩を持って上る。

③ 完成
バランスを取り，ポーズを決める。

安全ポイント
土台の人：腰を落とし，乗りやすくしてバランスを取る
上に乗る人：バランスを取り，足の甲でしっかりしめる

3人技 ★ 3人ピラミッド

指導のステップ

① 構える。
- 土台の2人は肩を寄せ合う。
- 膝は肩幅に開く。
- 腕は地面に対して垂直につく。

② 腰の上に乗る。
- 土踏まずでズボンのゴムを踏む。
- キメまで下を向いておく。
- 背中はなるべく水平に保つ。

③ 完成 ポーズを決める。
- ゆっくりバランスを取って立つ。
- 胸を張って腕は水平に伸ばす。
- キメで同時に目線を上げる。

安全ポイント
土台の人：安定させるために，腰の高さを水平に保って肩を寄せ合う
上に乗る人：足の裏全体で土台の腰のところでバランスを取る

第3章　安全な「組体操」の技と指導 全部紹介！

3人技 ★ 2段タワー

指導のステップ

① 土台を組む。
- 顎を引いて足場を確保！
- 互いの肩を持ち支え合う。
- 片膝を立て、立ちやすいようにする。

② 上に乗り、構える。
- 低い姿勢で待つ！
- 土台の頭や肩に手を置き、バランスを取りながら乗る。
- 首のつけ根に土踏まずをつける！

③ 土台が立ち上がる。
- 低い姿勢でバランスを保つ。
- 息を合わせて「せーの！」。

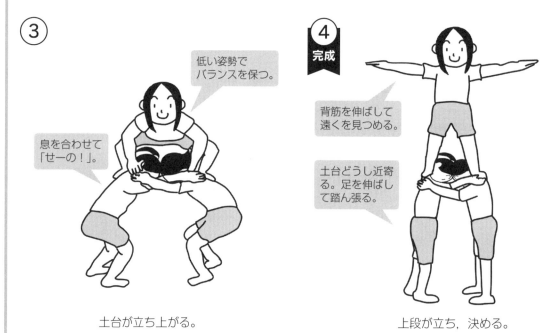

④ **完成** 上段が立ち、決める。
- 背筋を伸ばして遠くを見つめる。
- 土台どうし近寄る。足を伸ばして踏ん張る。

安全ポイント
土台の人：立ち上がりのタイミングを取る合図を決めておく
　　　　　立ち上がったら足を踏ん張り、互いに腕で支え合う
上に乗る人：足の裏全体で土台の首筋に体重を乗せる
　　　　　　安定するまで、手を使って低い姿勢でバランスを取る

3人技

> ★ **安全ポイント** 体格が大きい2人と，小さい1人の3人で行います。体格が大きい2人は，同じ体格（身長）がよいでしょう。同じ体格だと高さがそろうので，土台が不安定にならず，バランスよく安全に3人技に取り組むことができます。

土台2人の場合

★ ゼロフライト

中央部の人がジャンプをして，その勢いを利用して持ち上げる。

持ち上げる側は，わきをしめて力が入るようにする。また，持ち上げる人の腕のつけ根に手を入れる。

ひじが曲がらないようにして，腕・腰・足が一直線になるようにする。

★ ソファー

土台は，手首どうしをつかみ，手がはなれないようにする。

真ん中の人は，土台の肩を持ち，バランスを取って腕に乗る。

ゆっくり立ち上がる。

3人技

★ 森

腰を低くして土台を作る。中央の人は，土台の肩に手を置き，後ろから乗る。

土台は，膝より上を持つと中央の人が安定する。

中央の人がおりるときは，声をかけて土台の2人がタイミングよく膝から手をはなす。

★ 大地

土台のおしりとおしりをつけて，安定させる。

土台の腰の上に乗り，土台の人の足に上の人の体重がかかるようにする。

土台は，肩から腰まで一直線になるようにする。

★ サンライズ

土台は，おしりを押し合い，バランスを取る。

土台の腰の上に乗り，土台の背中に負担がないようにする。

手をついて，閉脚跳びの要領で前におりる。

3人技

★ ビッグW

2人で倒立補助をする。片手で取りにくい場合は、両手を使って受けること。

倒立が逆側に倒れないように受け手の肩が、倒立した人の太ももの裏にくるようにする。

両手で受け取った場合は、内側の手でしっかり持ち、ポーズを決める。

★ 鍵盤

手は、肩甲骨のあたりに置き、土台の腕と一直線になるようにする。

腰のあたりに足場を作って上れるようにする。

足と手の位置がそれぞれ、一直線になるようにする。

★ すべり台

土台の腰と肩甲骨の間に手を置く。

ゆっくり垂直に立ち上がる。前に傾けると上に乗っている人が危険なので注意する。

持ち上げる人は、前に出すのではなく、上に押し上げるイメージで上げる。

3人技

土台1人の場合

★ V字

それぞれ，肩甲骨の上に手を乗せる。ななめに押すのではなく地面に垂直に力をかける。

頭から足先まで1直線になるようにする。

★ トリプルクロス

頭の先からつま先まで一直線になるようにする。

両足を交互に乗せる。

★ W肩倒立

肩倒立をする人の腰の位置が受け手の肩の位置になるようにする。

片方ずつ上げるようにする。また，両方同時に上げると難易度が上がる。

つま先を高く上げて，肩からつま先まで，一直線になるようにする。

3人技

中心で補助（支え）

★ ダブル倒立

片方が倒立をする。

倒立をしている人の片足だけ持つ。

倒立が上手な児童を後にする方が補助しやすい。

★ ステップ

① 中央は，片膝立ちをする。足を乗せる人は，片足から乗せる。

② 壁倒立をするように，倒立し中心の子に支えてもらう。

③ 倒立をした子の太ももを持つようにする。

★ トリプル扇

① ジョイントをどこにするかきめる（腕の長さを調節）。

② 両端の子は，腕を引き合うのではなく，片方の手で自分の体を支える。

③ 膝から地面について，そのあと前に倒れこむ。腕から倒れると危険なので注意する。

3人技

負荷がない技

★ 碇(いかり)

両側は外を向く。

頭を中央にしてあおむけに寝る。

中央の子の手に触れるぐらい肩倒立の足先を伸ばす。

★ 鶴

両端の子は中央に向かって,長座をする。

腕を伸ばした状態で真ん中の人を支える。

右端の子は,腕を伸ばし,真ん中の人の片足を持つ。

★ トライアングル

① 両端の子は,中央に向かって,あおむけに寝る。

② 中央の子は,足を広げて座り,左側の子は,中央の子の肩を持つ。

③ 右側の子は,中央の子の足を持ち上げる。左側の子は,中央の子が後ろに倒れないように支える。

4人技

> ★ **安全ポイント** 4人技は，2人技をくっつけて，4人技とすることができます。演技をする向きを少し変えるだけで，2人技とは全く違う技にすることができます。これなら，練習時間を短縮することができ，子どもたちの負担も減ります。

（2人技）合わせ技

★ ミックスサボテン

肩車を作る。

2組が向かい合う。

ゆっくりとサボテンを作り，上の子は，手を合わせる（危険防止のため手を合わせるだけで，指はからめない）。

★ ユニットサーフィン

両端の子は外側を向いて四つん這いになり足をつける。

上に乗る子は，向き合う。土台の腰の上に乗る。

上の子は，お互いに手を合わせる。

★ 鏡

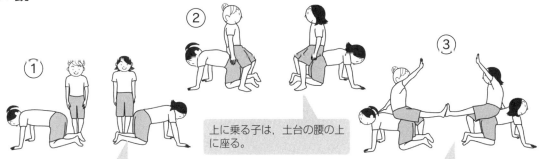

① 両端の子は，外側を向いて少し間隔を空けて四つん這いになる。

② 上に乗る子は，土台の腰の上に座る。

③ 上に乗る子は，お互いに足を合わせて，突っ張り合う。

4人技

★ 屋根

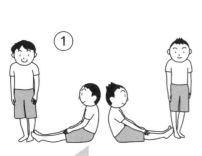

① 中央の子は，背中合わせで座る。その時に背中をくっつけないようにする。

② 土台の人の肩に片足ずつ足を乗せる。

③ 土台の人が声を出して，タイミングよく持ち上げる。

★ 山小屋

① 中央の子は，お互いに向かい合って立膝で座る。両端の子は，肩に足をかける。

② 中央の子は，両端の子の足首のかかとを持つ。両端の子は，手を中央に近づける。

③ 両端の子は，足が落ちないように足首を肩に引っかけて固定する。

★ 丘陵

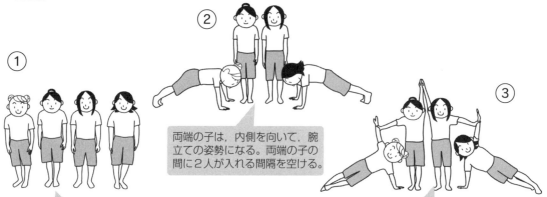

① 全員が横並びになって前を向く。

② 両端の子は，内側を向いて，腕立ての姿勢になる。両端の子の間に2人が入れる間隔を空ける。

③ 両端の子は，片手バランスをして，中央の子が腕を持ち支える。

4人技

> 4人で1つの技

★ 4人扇

前を向いて手を後ろに組む。

お互いの手の長さに合わせて、ジョイントする場所を決める。

両端の人は、真ん中の人に引っ張ってもらうのではなく、ななめ十字をするように自力で体勢を保つ。

★ 階段

左から2番目の子は、前の人の腰に手を置く。

1番左の子が垂直に立ち、上の子が落ちないようにする。

1番左の子が手を上げるとき、少しななめ前に上げる。真上に上げると、上の人が落ちてしまう。

★ ピース

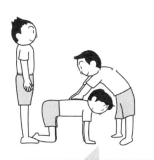
右から2番目の子は、土台の肩甲骨の上に手を置く。

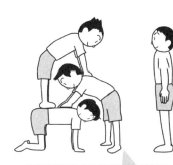
土台の上に立つ人は、土台の腰の上に立つ。背中には乗らない。

一番上の人が乗りやすいように2段目の人は、腰を曲げるようにする。

5人技　★グライダー

正面から

横から

指導のステップ

①

上に乗る人が中心に来るように並ぶ。

②

前の2人はわきの下と手首を持つ。重量挙げのような形で支える。

足のつけ根あたりを肩で持ち上げる。

乗り手は膝を後ろ2人の内側の肩に乗せ、土台の後ろの人は、内側の手で乗り手のすねを、外側の手で太ももを支える。

③

乗り手は体をまっすぐ。

真ん中の補助は腰を持つ。

肩に乗せたままゆっくり立ち上がる。

④ 完成

後ろは内側を向く。

足を肩幅に開く。

土台はひじを伸ばし、高く上げ、乗り手は正面で決める。

安全ポイント　上げるときは顔の方から上げ、おろすときは足から下げると、乗り手が安心する。また、肩に乗せてから土台がしゃがむようにしよう

5人技

> ★ **安全ポイント** 5人技から多人数技では，特に四つん這いになった土台の上に乗ったり，手をついたりする技が多くなります。そのときに，土台のどこに乗れば，土台の負担がないかを考えましょう。背中に乗ると腰痛の原因になります。上の人の体重が足にかかるように腰の上に体重が乗ると土台に負担が少なくなります。

技能が易しい技

★ 扇

5人が前を向いて並ぶ。

両端の2人は，ななめ十字を作る準備をする。真ん中の子は，左右の子と肩を組みジョイントする。

両端の2人は，ななめ十字の姿勢になり，真ん中の子の手を引っ張らない。

★ ソユーズ

両端の子は，土台の背中に足をかける。

上に乗る子は，土台の腰の上に乗る。上の子の体重が土台の足にかかるようにする。

全員，顔を上げ，ポーズを決める。

★ かぶと

真ん中の2人が片足を立てて座る。

両端の2人は，肩に片足を乗せる。

膝の上に，真ん中の子が立つ。

5人技

技能が易しい技

★ ステージ

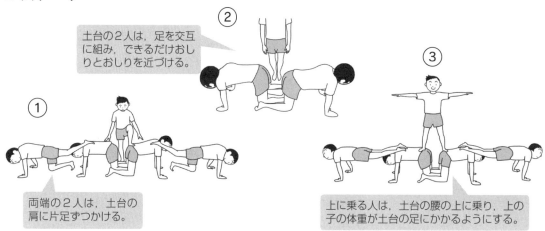

① 両端の2人は、土台の肩に片足ずつかける。

② 土台の2人は、足を交互に組み、できるだけおしりとおしりを近づける。

③ 上に乗る人は、土台の腰の上に乗り、上の子の体重が土台の足にかかるようにする。

★ サンゴ

① 手前の2人は、かかとが合わさるぐらいの距離で位置を決める。

② 次の2人は、頭が合わさるぐらいの距離で位置を決める。

③ 全員が腕を伸ばし、ポーズを決める。

★ バンク

前後は、「前へならえ」ができる間隔を空ける。

左端は、肩車をして、右端は、長座をする。

左から順に角度がそろうように腕を伸ばす。

5人技

技能が易しい技

★ ツリー

中央の子は，つま先，膝がつくぐらい近づく。

上に乗る子は，できるだけ太もものつけ根に乗る。

両端の子は，上の子の顔を見るようにして，視線を上げる。

★ ジグザグ

2組が補助倒立を行う。

真ん中の子が倒立をした子の片側の足を持つ。

両端の倒立を支えた子が横に移動しポーズを決める。

★ 山

① 真ん中の子は，3人サボテンをする準備を行う。

② 両端の子は，四つん這いになり，片足を上げる。

③ なるべく両端の子が上げている足と，その足を持っている手の角度を合わせる。

5人技

技能が難しい技

★ 合掌づくり

土台の子の腰の上に両側の人の片足を乗せる。

上に乗る子は、1度土台に足をかけてから、2段目の膝に乗る。

上に乗る人は、安定するまで2段目の頭を持つ。また、2段目の手を持って、落ちないようにする。

★ ボストーク

2段目の人は、腰の上に手をつく。背中に手をつくと、土台の子に負担がかかる。

上に乗る子は、土台に1度足をかけてから、2段目の上に乗るようにする。

上の人はゆっくり立ち、両手を広げてポーズを決める。

★ やぐら

1段目は、お互いのかかとがつく距離で四つん這いになる。

2段目は、1段目の腰の上に手をつき、上に人が乗りやすいように背中をまっすぐにして土台を作る。

2段目の2人の腰の高さが同じになるようにする。

5人技

技能が難しい技

★ 跳ね橋

土台の肩甲骨の間、腰の上に体重がかかるように手を置く。

片足ずつ、両側の子の肩に足を乗せる。

垂直に上げると土台と両側の子の間が開いてしまうので、ななめ上に上げるようにする。

★ 石垣

土台は、膝を曲げ、上に乗りやすいようにする。

上に乗る人は、土台の肩を持ち、ゆっくりと上がる。

土台の人は、膝上を押さえる。おりるときは、かけ声に合わせて、土台が同時に腕を外す。

★ ソフトクリームタワー

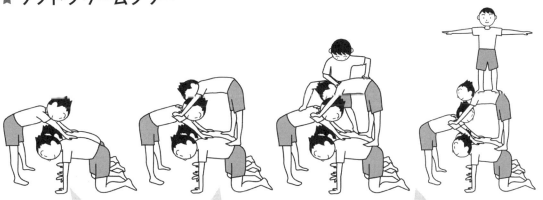

肩甲骨の間に手を置く。

3段目は、1段目の腰に足を乗せる。

上に乗る子は、1段ずつ足をかけて上る。

6人技 ★クイックピラミッド

指導のステップ

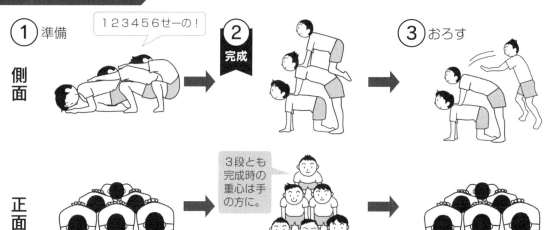

① 準備
側面／正面

1段目は正座の姿勢。足首は立てない。
2段目はしゃがんで1段目の背中に手を当てる。
3段目は2段目の背中に手を当て，片膝をすぐ乗せられるように準備する。

曲に合わせて①〜③を繰り返す。

② 完成「123456せーの！」
3段とも完成時の重心は手の方に。

全員123456せーの！の号令を合図に完成させる。
1段目は四つん這いの姿勢。
2段目は1段目の肩甲骨に手を当て中腰，3段目を乗せながら上がる。
3段目は2段目の肩甲骨に手を当て，2段目の背中に乗る。

③ おろす

3段目が少し後方におりる。1・2段目は①の状態。

④ くずし方

1段目　2段目　3段目　合わせると

1段目は，膝を支点にして前に倒れる。ひじを立てると上の段の子に当たるので，手で体を支えない。

2段目は，手を1段目の間に伸ばすように前に倒れる。

3段目は，手は前に，足は後ろに放り出すように倒れる。

安全ポイント　いきなり3段を組むのではなく，1段目と2段目だけを分離して練習し，次に2段目と3段目だけで繰り返し練習し，息が合うようになってから3段で行う

6人技 ★朝顔

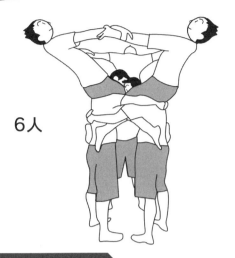

6人

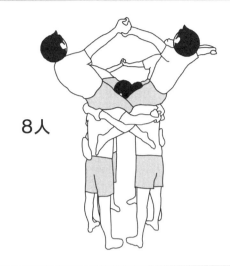

8人

指導のステップ

①

土台が8カウントを数えながら。

肩車をし，「せーの」のかけ声でゆっくり立ち上がる。

②

土台はできるだけ集まる。

土台の人は肩を組む。
上の人は，手をつかみ合い，足を土台の人の背中でロックする。

③

開く前は頭を真ん中でつき合わせる。

そりすぎない。

花が開くときに手を上げると動きが大きくなる。

④

「1・2, 1・2…」などタイミングを合わせて片足ずつ動かす。

土台の子どもを回転させると，動きが出る。

安全ポイント 上の人は輪を大きくしすぎないようにし，手首からひじにかけて握る位置を調整させよう

6人技

（3人技）合わせ技

★ 跳開橋

★ 時計台

★ 大阪城

6人技

6人で1つの技

★ ピラミッド

1段目は，肩をつけ，横に揺れないように安定させる。また，手は，隣とクロスさせない。

2段目は，手を1段目の肩甲骨，足を腰の上に乗せる。できるだけ足に重心がいくようにする。

全員，前を見てポーズを決める。

★ 6人扇

真ん中2人は，肩幅に足を広げて立つ。両端は，ななめ十字ができるように準備する。

両端2人は，ななめ十字をして，体重をかけない。中央の2人は，隣の子を引っ張って支える。

★ 玉ねぎ

中央や両端からタイミングよく順に肩倒立をするときれいにみえる。また，人数を増やしてもよい。

7・8人技

★ **多人数技安全ポイント** 7人技以降は，1人技～6人技の応用や組み合わせ技になります。1人技～6人技を自分なりに組み合わせることでオリジナルな組体操を演出することができます。また，これまで練習してきた技が多いので，安全指導が徹底されており，しかも練習時間の短縮にもなります。

★ **扇DX（7人技）**

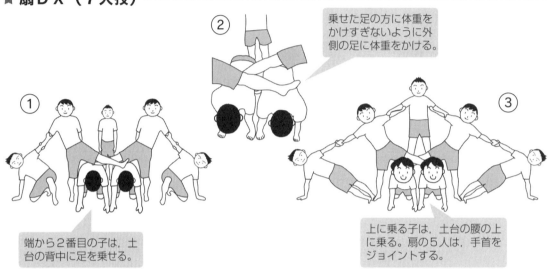

乗せた足の方に体重をかけすぎないように外側の足に体重をかける。

端から2番目の子は，土台の背中に足を乗せる。

上に乗る子は，土台の腰の上に乗る。扇の5人は，手首をジョイントする。

★ **トンネル（8人技）**

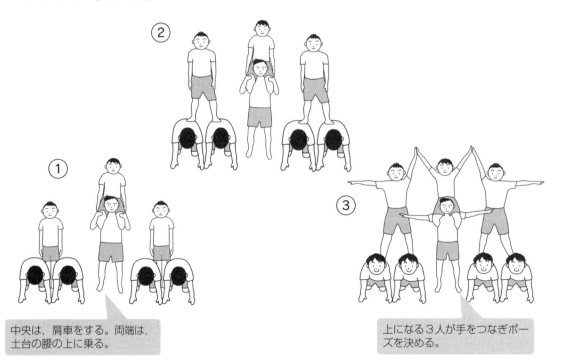

中央は，肩車をする。両端は，土台の腰の上に乗る。

上になる3人が手をつなぎポーズを決める。

9・10人技

★ ジェミニ（9人技）

1番下の土台の腰の上に2段目が手を置く。

2段目の腰の位置や腰を曲げる角度は同じにする。腰の高さが合わない場合は，足を左右に広げて調節する。

3段目がポーズを決める。

★ グレートブリッジ（10人技）

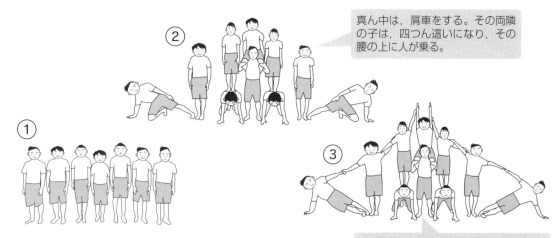

真ん中は，肩車をする。その両隣の子は，四つん這いになり，その腰の上に人が乗る。

外側の稜線になっている人は，手をつなぎ，同じ角度になるように調節する。

10人以上の技は，1人技〜9人技までの組み合わせ技になります。学級や学年の人数によって調整してください。また，組み合わせ次第では，全員で1つの技に見せることができ，フィナーレとすることもできます。大きなピラミッドなどをフィニッシュにもっていくのではなく，全員で1つの技を完成させることで安全な技によってフィナーレを迎えることができ，全員が達成感を持った状態で組体操を終えることができます。

組み合わせ技の例については，『子どもも観客も感動する！「組体操」絶対成功の指導BOOK』（関西体育授業研究会著，明治図書）のp.76, p.77を参考にしてください。

多人数技 ★ウェーブ

指導のステップ

① おなかの前で手を交差させる（握手握りで左右どちらかに決める）。

② 「せーの」の合図で一斉に手を頭の後ろまで上げる。上げたときは，隣とわきをつける。

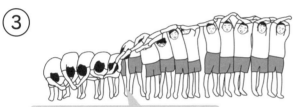

③ 起点から順に体を前に倒す。波の進行方向へ体をねじるようにし体を倒す。「１２３４」でおろし，「５６７８」で上げる，を繰り返す。

背筋を伸ばし，腰から上半身を動かす。

その他のウェーブ

①立膝の状態で右のようにウェーブを行う。また，円になって行うこともできる。

②重なる形で寝たり起きたりする。体幹に力を入れ，ゆっくり行うとよい。

③１人技（ななめ十字・ブリッジ・マトリックス）などでタイミングをずらしてウェーブにする。

安全ポイント 同じウェーブでも，速さを変えたり，使う体の部分を変えたり，隊形を変えたりすることで，パターンはたくさんある
児童に無理のないものを選ぶ

多人数技　★千手観音

指導のステップ

① 一斉出し

手のひらを開くことで芸術的になる。

一人ずつ手を出す角度を決め，一斉に出す。また，カウントに合わせて上や下から順番に出す。

② 片手出し

①と同じ。右手だけ，左手だけ，決まった人だけ，角度をずらして，という魅せ方ができる。

③ 回転

おなかの前で合掌の状態から，一斉に手を上に上げ，前から順番に手を回転させながらおろす。

側面から見ると…

④ 高さの変化

前の人との距離をできるだけつめる。

前から後ろにかけて高さを変えることで，演技に幅が出る。また，体全体を横に倒すなどの動きを取り入れてもきれいに見える。

安全ポイント　準備の体勢をそろえさせることが成功のコツである。「手のひらを腰に当て，ひじが後ろに向くように」など具体的に伝える

第3章　安全な「組体操」の技と指導　全部紹介！

多人数技 ★万里の長城

指導のステップ

正面 　　　　　　　　　側面

①
1段目が左右の子と手が触れ合うように四つん這いで並ぶ。

足の甲を地面につけ，上の子に踏まれてもケガをしないようにする。

②
2段目が1段目の肩に手を当てて，中腰になる。

③
3段目の半分が2段目を階段のように使って乗る。

乗り手に応じて少しかがむ。

④
3段目の残りの半分が2段目の背中に飛び乗る。

乗る幅が狭いので，体を少し横にして入り，肩の位置を整える。

⑤ くずし方（クイックピラミッド参照）

起点から順番にくずす。

1段目，膝を支点にバンザイをするように。
2段目，手をバンザイにして前に倒れる。手を1段目の間に伸ばす。
3段目，手をバンザイに，足を後ろに放り出すようにする。その場で下に落ちるように。

安全ポイント 非常に高度な技なので，目の前の子どもの実態に応じて選択する また，列の数を変えたり，端の子の動きを変えたりと，組み方で見え方が変わる

第 **4** 章

安全な「組体操」を魅力的につくる！演技構成プログラム

演技構成プログラムを2つ紹介します。いずれも音楽に合わせながら，場面構成を組んでいます。
技の種類や，キメのタイミングを工夫することで，安全な組体操と見栄えのある組体操を両立することができます。
組体操の練習が始まる前に演技構成プログラムを完成させ，学年の先生，管理職などに見せ，技の安全性について話し合いましょう。
今回のプログラムは，1例です。そのまま使うのではなく，各学校の子どもたちの実態に合わせて，プログラムを構成しましょう。また，練習計画を参考にして，練習プランも考えましょう。

▶プログラム その1

第1場面　曲「やってみよう」WANIMA

拍	時間	曲想	技	動き	
8	0:00	前奏	猛ダッシュ		
8	0:05				
8	0:09	Aメロ	ジャンプ&クラップ		
8	0:12				
8	0:16		クロスステップ&クラップ		
8	0:20				
8	0:24		ティー&グー		
8	0:27				
8	0:31		クラップ&グー		
8	0:35		指さし		
8	0:38		呼びかけ		
8	0:42				
8	0:46	Bメロ	移動		
8	0:50				
8	0:53				
	0:57				
8	1:01	サビ②	片手ウェーブ		
8	1:04				
8	1:08				
8	1:12	Aメロ	移動		
8	1:15				
8	1:19				
8	1:23	Bメロ	パタパタ 倒れる　A→B→C		
8	1:26				
8	1:30		パタパタ 起きる　C→B→A		
8	1:34				
8	1:38	Aメロ	移動		
8	1:41				
8	1:45	サビ②	万里の長城　準備		
8	1:49				
8	1:52				
8	1:56				
8	2:00				
8	2:04				
8	2:08				
8	2:12				
8	2:14	やってみよう…	キメ		
8	2:19		移動		

- 全力のダッシュと大きなフリ，満点の笑顔で見ている人を引き付ける。
- 元気さを前面に出したダンス。手拍子（クラップ）やかけ声を入れる。
- 全員の力を合わせて完成させる技を取り入れた。

技の解説	隊形
小さく集まり曲のスタートと同時に猛ダッシュ	
列を整えながら。ジャンプしながら手をたたく	2～4列
右方向へクロスステップ（１２３４）の「４」で手をたたく。左方向へ同じように。これを2回繰り返す	
奇数・偶数のグループをつくり，奇数はティー・グーで偶数はグー・ティーのように4×2で交互に行う	
直立からクラップして，歌詞の「やってみよう」に合わせてクラップして右手と左足を上げる	
右手で左方向をさし，左手は腰。左から右方向へ右手を動かす	
右から両手を口に添えて左の方へ弾むように呼びかける	
右方向を向き，右手が前の人の手首に触れるように重ねる 4カウントで半周，4カウントで準備。これを3回繰り返す	
A→B→Cの順番で4カウント×3で全員倒れる 右から回し始め（右・左・右・左腕上げる・右手つく）	A B C
C→B→Aの順番で4カウント×3で全員起き上がる 左から回し始め（左・右・左・右で交互に腕を回し気をつけの姿勢）	
1段目準備	
2段目準備	
3段目準備	
調整	
調整	
全員，顔を前に向けて決める	

第4章　安全な「組体操」を魅力的につくる！ 演技構成プログラム

▶プログラム その1

第2場面　｜　曲 なし

拍	時間	曲想	技	動き	
8		ピッ	直立		
8		ピッ	片手水平		
8		ピッ	直角		
8		ピー	倒れこみ		
8			うつぶせ		
8		ピッ	腕立て		
8		ピー	ななめ十字		
8		ピッ	逆さ腕立て		
8			おろす		
8		ピー	ブリッジ		
8		ピッ	おろす		
8		ピッ	V字バランス		
8		ピッ	肩倒立		
8		ピッ	ゆりかご立ち		
8		ピー	水平バランス		
8		ピッ	補助倒立		
8		ピー			
8		ピー			
8		ピー			
8		ピー			
8		ピッ	肩車		
8					
8		ピー			
8		ピッ	サボテン		
8					
8		ピー			
8			きのこ		
8		ピッ			
8			サーフィン		
8		ピッ			
8		ピー			

●1場面との違いが出るように曲を使わず笛の合図で行う。
●一つ一つの技を無駄なく行い，技がそろう一体感を見せる。
●技自体は単調なものが多いため，ズレを使って見せ方を工夫した。

技の解説	隊形
Aは右手Bは左手を水平にすばやく出す。目線は出した指先を見る	
Aは左手Bは右手を真上にすばやく出す。目線は出した指先を見る	
水平に出した手を回し，Aは左側　Bは右側に倒れる	
頭，背中，足が一直線になるようにすばやく上げる	
外側から内側へ向かって2拍ずつ時間差で決めていく	
頭，背中，足が一直線になるようにする	
内側から外側へ向かって2拍ずつ時間差で決めていく	
つま先を伸ばす　腕は地面と水平	
V字バランスの決めの姿勢から肩倒立へ	
前から後ろへ2拍ずつ時間差で立っていく	
頭，背中，足が一直線に近づくようにする	
準備	
A：前から見て左側が倒立	
B：前から見て右側が倒立	
A：前から見て右側が倒立	
B：前から見て左側が倒立	
おろして肩車準備	
土台の子どもが頭を入れる	
肩車を決める	
方向転換をし，内側を向くようにする	
上の子どもが頭を抜く	
サボテン決める	
おろしてきのこ準備	
しゃがんだ状態から一気に技を決める	
くずして準備	
土台をつくる	
サーフィン決める	

▶プログラム その1

第3場面　曲「HERO」安室奈美恵

拍	時間	曲想	技	動き
8	0:00	前奏	移動	
8	0:05			
8	0:10			
8	0:15			
8	0:20			
8	0:25	Aメロ	階段　準備	
8	0:30		決める	
8	0:35		おろす	
8	0:40		山倒立　準備	
8	0:44		決める	
8	0:49		おろす	
8	0:54	サビ	だるまおとし準備	
8	0:59		だるまおとし準備	
8	1:04		だるまおとし準備	
8	1:09		決める	
8	1:14		おろす	
8	1:18			
8	1:23		移動	
8	1:28			
4	1:33			
8	1:36		サーカステント　準備	
8	1:40		決める	
8	1:44	Aメロ	おろす→門準備	
8	1:48		準備	
8	1:52			
8	1:56		決める	
8	1:59		おろす	
8	2:03			
8	2:07		リフト　準備	
8	2:11			
8	2:14	サビ	決める	
8	2:19		ピストン	
8	2:22			

- しっかり間を取って，技を「決める」ところを合わせていくようにした。
- 技を上げるタイミングをズラして見せ方を工夫した。

技の解説	隊形
内側を向くように準備	
ななめ一直線になるようにする	
ゆっくり安全におろす	
土台のランジをつくる	
倒立受ける。土台は外側の手を広げる	
倒立からおろして，ランジをくずす	
外側を向くように準備	
顔を上げる	
おろす	
距離を調整するように立つ	
息を合わせて，一気に決める	
すばやくおろす→門準備	
土台はしゃがんで，両肩に手を乗せる。足は片足だけかけておく	
土台の距離がはなれないように立つ	
後ろの土台が腕を伸ばす。全員顔を上げる	
足の方の土台が少しゆっくり下がるようにする	
土台の4人がはなれすぎないように	
上が土台に乗る	
土台が広がりすぎないように調整する	
上が両手を広げる	
2拍で前から上げて，一番後ろに行ってから2拍で下げる	
2拍で外側から内側に向けて上げる	

▶プログラム その1

第4場面 | 曲「その日は必ず来る」DREAMS COME TRUE

拍	時間	曲想	技	動き	
8	0:00	前奏			
8	0:05		移動		
8	0:12				
8	0:18				
8	0:23	Aメロ	クイックピラミッド トラストフォールの準備 ※トラストフォールは，補助をできる教職員数が十分でない場合は，実施しないこと		
8	0:29				
8	0:35				
8	0:41				
8	0:46				
8	0:52				
8	0:58	サビ	クイックピラミッド トラストフォール		
8	1:03				
8	1:09				
8	1:15				
8	1:20				
8	1:26		崩す		
8	1:32				
8	1:35	Aメロ	移動		
8	1:40				
4	1:47		密着ドミノ　準備		
8	1:52				
8	1:58				
8	2:03				
8	2:10	サビ			
8	2:15				
8	2:20				
8	2:26				
8	2:32				
8	2:38	Aメロ			
8	2:44				
8	2:50				

- ●「上げる」「おろす」のメリハリをしっかり作るように意識させた。
- ●上げるときのかけ声「せーの」をしっかり出させ，迫力を出せた。
- ●密着ドミノは大きくゆったり行って，タワーの壮大さを際立たせた。

技の解説	隊形
	トラストフォール
	クイックピラミッド
一斉に上げる	
下げる	
4拍ずれて　クイックピラミッド・トラストフォールの順に上げる	
下げる	
クイックピラミッドは左から，トラストフォールは右から上げる	
密着ドミノが並ぶ	
距離を調整	
待機	密着ドミノ　　密着ドミノ
長座で座る	
内側から手を挙げて全員上げてから ↓ 密着ドミノスタート	
笛の合図でドミノストップ	

第4章　安全な「組体操」を魅力的につくる！　演技構成プログラム

▶プログラム その1

第5場面　曲「友〜旅立ちの時〜」ゆず

拍	時間	曲想	技		動き
8	0:00	前奏			
2	0:06				
8	0:09				
8	0:15				
8	0:21	Aメロ	移動・準備		
8	0:28		1人技キメ		2場面（p.74）で行った技から選ぶ
8	0:34		移動	移動・準備	
8	0:41			2人技キメ	2場面で（p.74）行った技から選ぶ
6	0:47		移動・準備	移動	
8	0:52	Bメロ	階段・だるまおとしキメ		
8	0:58		移動	移動・準備	
8	1:05			サーカステント・門キメ	
8	1:10		移動・準備	移動	
4	1:16		準備		
8	1:21	Aメロ	リフト		
8	1:26		ピストン		
8	1:31		移動	移動・準備	
8	1:38			準備	
8	1:45	間奏		クイックピラミッド	
8	1:50			崩す	
4	1:56			移動	
8	1:59	Bメロ	移動・準備		
8	2:04				
8	2:11		トラストフォールキメ		
8	2:17		崩す		
4	2:23		移動		
8	2:26	サビ	全体構成　準備		
8	2:32				
8	2:38		全体構成　キメ①		
8	2:44		全体構成　キメ②		
8	2:49		全体構成　キメ③		
8	2:55		全体構成　完成		
8	3:01	Aメロ	崩す		
8	3:26		崩す		

ポイント
- これまで行った技をダイジェストのように見せる。最後は，全ての技を同時に完成させる。
- 少人数で行い一人一人のがんばりを見ている人が近くで見ることができるようにする。
- メッセージ性のある曲を選んだ。

技の解説	隊形
	トラストフォール / クイックピラミッド / 4人～6人技 / 1人技・2人技
技が終わったら最後の全体構成の場所へ移動	
技が終わったら最後の全体構成の場所へ移動	
技が終わったら最後の全体構成の場所へ移動	
技が終わったら最後の全体構成の場所へ移動	
技が終わったら最後の全体構成の場所へ移動	
技が終わったら最後の全体構成の場所へ移動	リフト / 万里の長城 トラストフォール クイックピラミッド / リフト / 6人技 / 6人技
6人技完成	
リフト完成	
万里の長城，トラストフォール，クイックピラミッド　完成 リフトを高く上げる	
ゆっくり崩して，気をつけの姿勢	

▶プログラム その2

第1場面　曲「BRAVE HEARTS」佐藤直紀（「海猿」サウンドトラックより）

拍	時間	曲想	技	
8	0:08	ゴー	移動開始	
8	0:15			
8	0:22			
8	0:29			
8	0:36			
8	0:43			
8	0:50			
8	0:57		整列・待機	
8	1:04	低い音	倒れ込み	
8	1:11		しゃちほこ	
8	1:18		ななめ十字（右手支持）	
8	1:25		逆腕立て	
8	1:32		ななめ十字（左手支持）	
8	1:39		4拍で長座　4拍でV字バランス	
8	1:46		背倒立	
8	1:53		Y	
8	2:00		4拍→あおむけ　4拍ブリッジ用意	
8	2:07		ブリッジ	
8	2:14		サマーソルトキック（右足上げ）	
8	2:21		おろす	
8	2:28		体育座り	
8	2:35			
8	2:42			
8	2:49			

ポイント
- はじめは，集中して演技に取り組めるよう，テンポの遅い曲にして厳かな雰囲気で始めるようにした。
- この場面では，入場から全員が主役になるよう，1人技を中心に配置している。
- バラバラだったものが，1つにまとまっていくイメージの入場にしている。

技の解説	隊形
終着点からなるべく遠い場所から移動を開始できるよう，待機場所を工夫する 拍に合わせて歩き，自分で決めた歩数で立ち止まることを繰り返す	クラス2列ずつ　計8列縦隊
指揮台方向を正面に整列し，全員同時に倒れ込む 足先をなるべく高く上げるようにする つま先から肩までが一直線になるようにする 顎をあげ，おなかを突き出すようなイメージにするとよい	
手を左右に水平に上げ，キメる なるべく接地面が少なくなるような高い姿勢を作る 足を前後に開く。全員で角度を共有して行えるとよい	
ひじを伸ばした高い姿勢をつくる 足を高く上げるようにする	
第2場面の準備として，同じクラスの2列の中央あたりにペアで幅を詰めて座る	

▶プログラム その2

第2場面 | 曲「EMERGENCY」佐藤直紀(「海猿」サウンドトラックより)

拍	時間	曲想	技	
	0:00	サイレン音		
8	0:05	ジャン！	きのこ	きのこ
8	0:07	ジャン！		
8	0:09	ジャン！	くずし	
8	0:11		準備	
8	0:13			
8	0:15	チャチャチャ…	滑り台　手をついて上げてもらう準備	
8	0:17		キメ	滑り台
8	0:19		くずし	
8	0:21		整列	
8	0:23		補助倒立	
8	0:25		くずし	
8	0:27		整列	
8	0:29		水上スキー	補助倒立
8	0:31			
8	0:33		キメ	
8	0:35		くずし	
8	0:37		整列	
8	0:39	転がり落ちる様子	前方倒立回転　土台構え	
8	0:41			
8	0:43	激しいテーマ	①列の回転役は④列の方を向き，回転する　以降（4拍ずつ）	
			②列の回転役は④列の方を向き，回転する	
8	0:45		③列の回転役は④列の方を向き，回転する	
			④列の回転役は外側を向き，回転する	
8	0:47		全員立ち上がりキメ	
8	0:49		回転役は振り返って気をつけ	連鎖ブリッジ
8	0:51		カンフー回転　土台構え	
8	0:53		一斉に回転	
8	0:55		整列	
8	0:57		肩車　土台構え	
8	0:59		上げる	
8	1:01			カンフー　　　　　　　肩車
8	1:03		キメ	
8	1:05			
8	1:07			
8	1:09			
8	1:15			

- 不安げな雰囲気の中ではあるが，安定していた第一場面から，場面を急展開させるため，アップテンポな曲を設定した。
- 緊張感のある曲想と，スピーディな動きを要する技を取り合わせ，スピード感を演出したい。
- 1人技や2人技を中心に配置した。静止する技だけではなく，動きのある技にも取り組みたい。

技の解説	隊形
息を合わせて立ち上がる	第1場面の同じクラスどうし，左右ペアで集まる
両腕をしっかり伸ばし，目線を上げる	
上げる役は片膝をついて頭上に高く足を上げる	
2人で向き合い，すぐにキメる	
正面で向き合い，両手をつなぐ	
上る人は片足を土台の膝にかける	
上がってキメる	
土台は四つん這いになり，背中を少し高くするように構える	
1列目から順に回転していく	
回転役は，全員が回転し終わるまで決めポーズを崩さない	
全員立ち，全員で決めポーズをする	
頭を指揮台の方向にそろえ，馬跳びのように構える	
平らにした背中の上を，側転のように足を高く上げて回転する	
指揮台を先頭に，4列縦隊で整列（土台は後ろに並ぶ）	
土台はかがんで上げる準備をする	
両腕を水平に上げ，キメる	
第3場面の曲がなり始めるまで，キメ続ける	

▶ プログラム その2

第3場面　曲「起死回生」田渕夏海（「下町ロケット」オリジナルサウンドトラックより）

拍	時間	曲想	技	
	0:00		第2場面の肩車くずし	
8	0:05		移動	
8	0:09			
8	0:13		天空の城の隊形で整列し，待機	
8				
8				
8	0:29		1段目準備　　　　　　　　天空の城	
8				
8	0:37		1.5段目準備	
8				
8	0:45		2.5段目準備	
8				
8	0:53		3段目準備	
8				
8	1:01		キメ	
8	1:05	シャーン	くずし→整列	
8				
8				
8	1:17	シャーン	移動	
8	1:21		クイックピラミッドの位置に整列　　クイックピラミッド	
8	1:25	ドドン	クイックピラミッド　　1段目用意	
8	1:29	ドンドン	2・3段目用意	
8	1:33			
8	1:37	ホルンの激しいメロディ	全基　立てる	
8	1:41		全基　くずす	
8	1:45		偶数基　立てる　4拍　くずす　4拍　交互に行う×2セット	
8			奇数基　くずす　4拍　立てる　4拍	
8	1:53		全基　くずす	
8	1:57		左半分基　立てる　4拍　くずす　4拍　交互に行う×2セット	
8			右半分基　くずす　4拍　立てる　4拍	
8	2:05		全基　くずす	
8	2:09		1番基からウェーブ立て開始	
8			↓完了	
8	2:17		全基　くずす	
8	2:21	ジャン！	全基　立てる	
8	2:25		拍手をもらう	
8			全基　くずす　→　整列　→　その場に体育座り	

- 緊張感のある第2場面の挫折感から再び立ち上がるような，後半にかけて盛り上がる曲を設定した。
- 下町ロケットで描かれているような，反骨心で再起に向けた頑張り・協力を表現できるよう，6人〜9人の技を取り入れた。
- 1人技や2人技を中心に配置した。静止する技だけではなく，動きのある技にも取り組みたい。

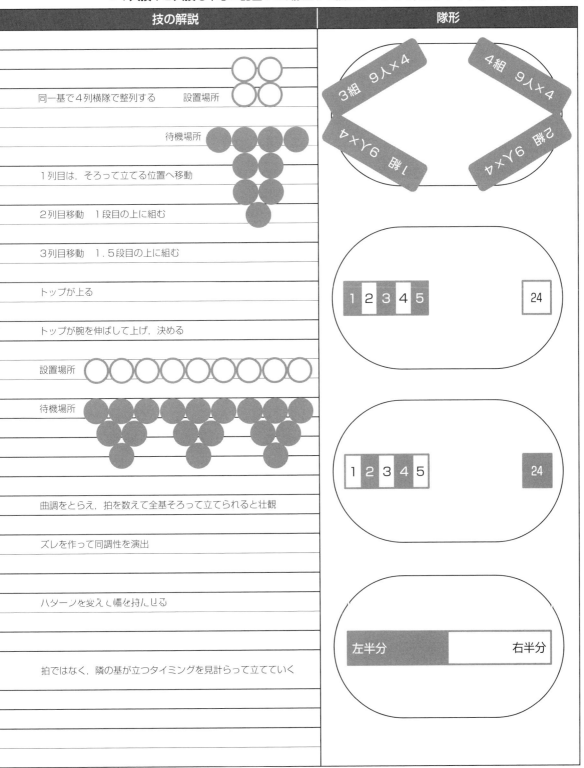

技の解説	隊形
同一基で4列横隊で整列する　設置場所	
待機場所	
1列目は，そろって立てる位置へ移動	
2列目移動　1段目の上に組む	
3列目移動　1.5段目の上に組む	
トップが上る	
トップが腕を伸ばして上げ，決める	
設置場所	
待機場所	
曲調をとらえ，拍を数えて全基そろって立てられると壮観	
ズレを作って同調性を演出	
パターンを変えて幅を持たせる	
拍ではなく，隣の基が立つタイミングを見計らって立てていく	

第4章　安全な「組体操」を魅力的につくる！演技構成プログラム

▶プログラム その2

第4場面　｜　曲「夢にむかって」田渕夏海（「下町ロケット」オリジナルサウンドトラックより）

拍	時間	曲想	技
	0:00	シンバル	第3場面から，体育座りで待機している
6	0:03	冒頭は3拍子	移動
6			
6			
6	0:24	だんだん遅くなる	整列完了
8	0:29	ここから　4拍子	はばたきドミノ
8	0:34		
8	0:39		
8	0:44		全員うつ伏せ完了
8	0:49		
8	0:54		ゆっくり上げながら　腕立て
8	0:59		右腕で支持して反転　→　逆腕立て
8	1:04		ゆっくり長座
8	1:09		長座のまま，タイミングを合わせてバンザイ姿勢　→　ドミノ
8	1:14		
8	1:19		
8	1:24		ドミノ最後尾が倒れる
8	1:29		移動
8	1:34		
8	1:39		整列
8	1:44		外円膝立ち→内外ごとに腕を組む
8	1:49		ウェーブ
8	1:54		およそ3波分流す　ウェーブ（大）
8	1:59		小ウェーブ
8	2:04		
8	2:09		
8	2:14		
8	2:19		
8	2:24		
8	2:29		
8	2:34		腕を解き，全員立ち上がって整列，待機する
8	2:39	無音になる	
6	2:44	3拍子	移動
6	2:49		
6	2:54		
6	2:59		整列完了
8	3:04	4拍子	石垣　円形バージョン
8	3:09		土台準備
8	3:14		
8	3:19		乗る人　腕は「気をつけ」姿勢
8	3:24		
8	3:29		キメ　乗る人は腕を高く上げ，全員ななめ45度の空を見る
8	3:34		
8	3:39		

- 不安や危機を乗り越えて，夢や希望に満ち溢れる様子を表現できる，ゆったりとした雰囲気の曲を設定した。
- ストーリーの中で第3場面までで手に入れた協力する力を使って，個々の動きが大切でより息のそろった表現の必要な多人数技を取り入れる。
- 一人一人が観客に顔を見せながら，同調性を全面に魅せる場面になるように子どもたちにも意識させたい。

技の解説	隊形

中心向きで1列縦隊，「気をつけ」姿勢で待機

180度振り返りながら，腕を前から振り上げ，後方に倒れる
中心から外側に向けて放射状に，順にすばやく倒れる

腹を地面につけて待機

頭が外向きになる。腕立て姿勢までゆっくり5秒かける
すばやく反転し，顎をめいっぱい上げてキメる
腰をゆっくりおろし，長座する
中心から外側に向けて放射状に，順にゆっくりと倒れる

ドミノ

整列
2重円　内円（70人）：立つ　外円（74人）：膝立ち

内外同時に指揮台前を起点に，波を起こす
ゆっくり，大きな振幅で両端に波及させる
内外の波及スピードを変えるとズレができて動きが映える

石垣

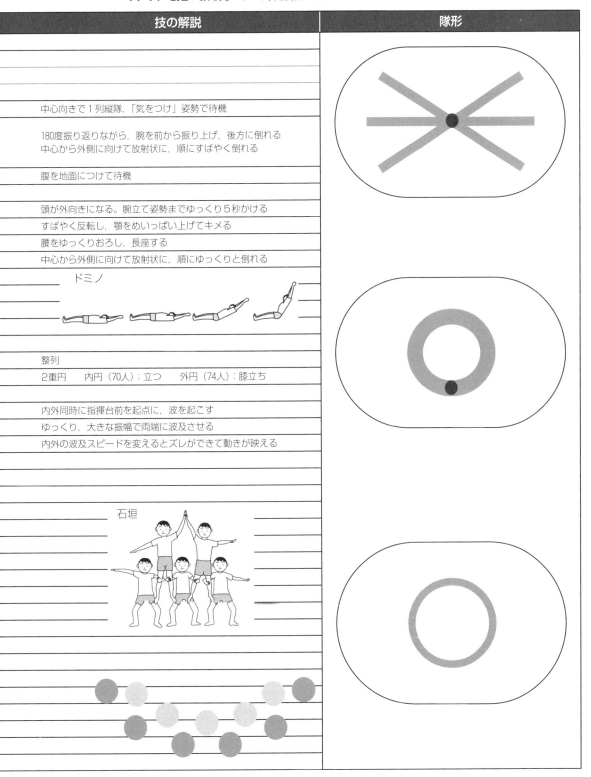

▶プログラム その2

第5場面　曲「下町ロケットMainTheme」服部隆之（「下町ロケット」オリジナルサウンドトラックより）

拍	時間	曲想	技
8	0:01		石垣　くずし
8	0:09		移動
8	0:17		
8	0:24	低い音	整列
8	0:28	バイオリンのメロディ	グライダー　土台はしゃがむ
8	0:31		上の人は乗る
8	0:35		土台は持ち上げる　　グライダー
8	0:39		
8	0:43		上げたまま隊形移動
8	0:46		
8	0:50		
8	0:54		
8	0:58		くずし
8	1:01		
8	1:05		
8	1:10		整列
8	1:13		ジェミニ　1段目
8	1:17		1.5段目
8	1:21		
8	1:25		2段目
8	1:27		
8	1:32		キメ
8	1:36		
8	1:40		くずし
8	1:43		
8	1:48		整列
8	1:51		
8	1:55		立体ピラミッド　1.5段目準備
8	1:59		1段目準備
8	2:02		2.5段目
8	2:06		3.5段目
8	2:10		4段目
8	2:13		
8	2:17		
8	2:21		キメ
8	2:25		くずし
			退場

● アップテンポな始まり方で，後半の盛り上がりのある曲で，一気にフィナーレに向かう。
● 個々の動きが大切な，より息のそろった表現の必要な数人〜多人数技を取り入れる。
● 積み上げてきた努力の成果が見えるような技の構成に気をつけた。

技の解説	隊形
上がった人は胸を張り，しっかりと前を見る	
１！２！…とかけ声をかけながら，組み上げていく 端数となる人員は，１段目に配置する	

計画の変更!!

　私は,組体操の練習を開始する前に必ず練習計画を立てます。その練習計画は,全ての練習時間を費やさないと完成しないような余裕のない計画ではなく,2日ほど余裕を持って計画します。しかし,以前,組体操の指揮を任されたときに,練習期間中の2度にわたる台風の接近で,数回の練習時間を奪われることがありました。練習時間を詰めてすれば計画通りの技を教えることができると考えていましたが,ベテランの先生から「1つの場面を削ろう」と提案されました。私もそれを受け入れ当初予定していた技を大幅に変えました。そのベテランの先生から「余裕がない指導は,一番怖い。リスクしかない。先生のエゴだけで指導しては絶対にダメ!」と教えていただきました。これは,組体操の練習に限ったことではないと思いますが,余裕がない指導では,事故につながります。柔軟に「やめる」「変更する」ということができないとダメだと学びました。組体操を安全に行うためには,柔軟な指導が必要になってくると思います。

大人がやってみる!!

　以前,組体操を指導していたときにベテランの先生に呼び止められて,「2人技のサボテンをするときに,土台の人は,上の人のどの部分を持てば,安定すると思う」と聞かれました。「膝上」「膝」「膝下」。皆さんは,どれだと思いますか? 私は,今まで組体操を指導してきたので,すぐに答えられたのですが,そのあとにベテランの先生から「では,安定度はどれぐらい違うと思う?」と聞かれました。私は,別の方法でサボテンをしたことがなかったので,即答することができませんでした。そのため,放課後に同僚にお願いしてサボテンの練習をしました。練習することで初めて言葉だけではない知識を体得することができました。本を読んだり,知識を先輩から教えてもらったりするけれども,実際に大人で試してみないとわからないことばかりです。子どもたちに指導するときにいろいろなやり方を知っていることで,より安全な指導ができると思います。みなさんもいろいろな技を子どもたちだけにさせないで,実際に大人で試してみてください。ましてや大人ができない高度な技を子どもにさせるのは,言語道断です(ちなみにサボテンは,一度みなさんで試してみてください)。

第 5 章

安全な「組体操」づくりに欠かせない！指導ポイント＆必須知識

組体操は，隊形選びも重要です。同じ技でも隊形によって違う技に見えたり，見栄えよくなったりすることがあります。準備段階から子どもの人数に合わせて，どんな隊形にすればよいか計画を練りましょう。また，組体操を指導する上で，ジョイントの仕組みや力のバランスの入れ方を理解することは，安全につながります。十分理解した上で，指導に臨みましょう。

隊形と隊形移動の指導のポイント

1.隊形について

　組体操づくりにおける隊形の指導には，大きく2つの観点があります。1つ目は安全に実施するための隊形です。2つ目は技をよりよく魅せるための隊形です。

　1つ目の安全に実施するための隊形について，どんな技を実施するにしても考えなければならないのは，前後左右の間隔が十分にとれているかということについてです。これはもちろん練習のときから気を付けなければなりません。特に体育館での練習の際には注意が必要です。

　2つ目の技をよりよく魅せるための隊形については，これまでの練習の成果を発表するにあたって，観客に魅せるという意識をもって考える必要があります。では運動会当日，誰に魅せるのか。本部，来賓，保護者，地域の方々など。しかしここで忘れてはならないのは，在校生にも魅せるということです。このことを考えると，常に本部を向いて行うというのではなく，在校生からもよく見える位置ということを考えて隊形を考える必要があります。

2.隊形移動について

　技の人数によって，また技をよりよく魅せるために，場所を移動する必要が出てきます。「移動はダッシュで」という言葉をよく耳にします。組体操においてきびきびとした行動はもちろん大切です。しかし，移動する人数や方向，場所によっては，全力で移動することが危険になることもあります。例えば，今いる場所から全員が真逆の方向に移動する場合，様々な方向からすれ違わなければならないという状況が生まれます。これをダッシュで行うと，必ず子どもたちは衝突します。ダッシュで衝突したときの衝撃はとても大きく，大きな事故につながるということを教師は常に考えておく必要があります。

　また，隊形移動には，曲によって隊形を変え，観客に変化を与えるという効果もあります。しかし，移動回数が多くなったり，移動距離が長くなったりすると，子どもたちが覚えにくくなるとともに，移動での疲労も大きくなり，事故にもつながりかねません。また，保護者にとっては，自分の子どもを見るのに，わかりにくく，場合によっては演技中に保護者が移動するということが起こるかもしれません。演技中の移動は，ほかの観客の迷惑になるだけではなく，急いで移動するであろうことから保護者どうしの接触事故やトラブルにもなりかねません。

　なぜ，その隊形に移動させるのか，その移動で無理はないのか，ということを考えて計画しましょう。

隊形の実践例

図の見方!!

- 円はトラック線
- 下側が朝礼台（指導者側）
- 点線の太線は移動前，太線は移動後の隊形
- 点線の太い矢印は移動を，細い矢印は向いている方向を表す。

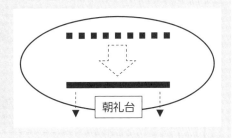

(1) 入場

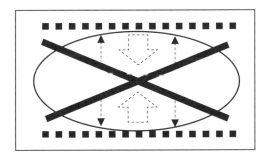
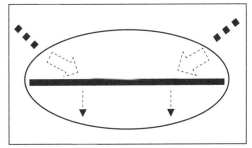
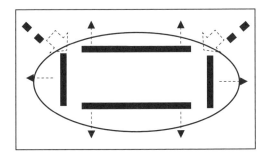
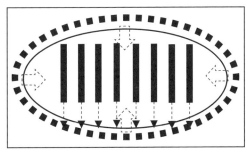

- 入場する前に待機する場所と入場後の場所は上の例を組み換えて考えるのもよい。
- 入場前や入場後にかけ声をかけたり，意気込みを語るのもよい。

(2) 隊形の例（1人～3人技）

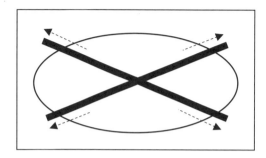
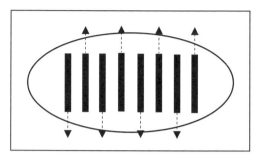
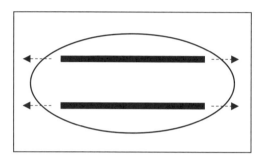
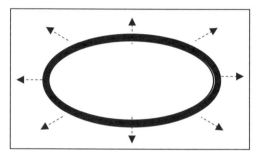

- 全体で技のそろいを意識することが大切である。タイミングをずらし，ウェーブのように魅せることも効果的である。
- 技によって，体の向きを変えるとそろいを強調して表現できる場合もある。

(3) 隊形の例（4人技～6人技）

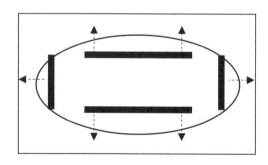
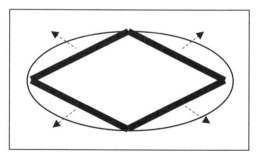
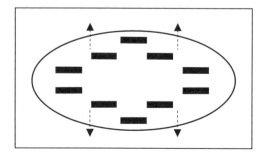
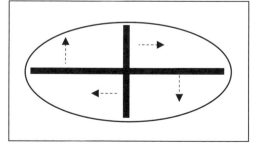

(4) 多人数技(ウェーブ)

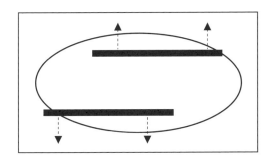
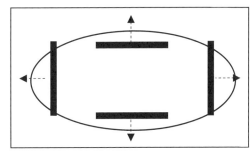
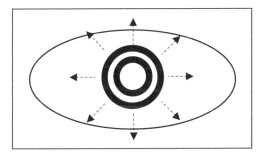
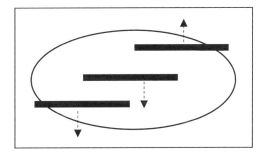

(5) 多人数技(フィナーレ)

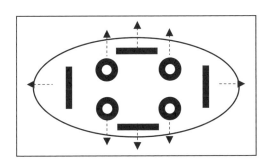
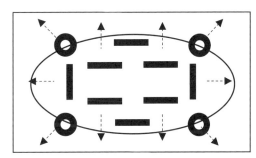
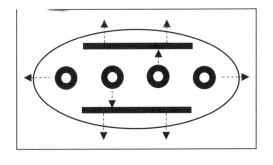
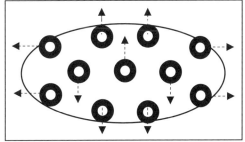

技を組むときのコツ

　児童が安全に，負担が少なく技を行うために気をつけるべきポイントがあります。最初に組体操に取り組むときに教えておくことで，ケガの可能性をグンと下げることができます。

〈土台になる人の足〉

足先は指を立てず，まっすぐにさせる。指を立てたままだと，上の子が落下してきたときにケガをする。

2人で反対を向き合う土台のときには，足を交互に置くようにする。

〈肩車を用いるとき〉

乗っている人が足首を土台の背中に巻き付けることで固定され，安定する。

〈持ち上げるときの腕の組み方〉

①②の土台の上に乗る。①は，両手が両側の人の上に回っているので，支えてもらいやすい。②の人は，③の人の力を借りて持ち上げる。③の人は，①と②の人を下から支えて持ち上げる。

〈扇の時のジョイント〉

体格や腕の長さに合わせて，ジョイントする場所を変えさせることも必要です。

手　　　　　　　　　　　手首　　　　　　　　　　　腕

〈上の子が乗る位置〉

土台の子に負担が少なく，上に乗る子も安定する場所はどこでしょう。

両足で同じ場所に乗る場合，肩付近や背中の真ん中は重く感じます。人間の体の中で支える力の強い腰の上に乗ることで安定します。

腰　　　　　　　　　　　肩　　　　　　　　　　　背中

足を開く場合には…

腰と肩甲骨のあたりに乗らせるようにしましょう。体重のかかり方が違います。

サーフィン　　　　　　　馬立ち　　　　　　　　3人ピラミッド

第5章　安全な「組体操」づくりに欠かせない！　指導ポイント&必須知識

力のバランス

技によって，重さの負担がかかる場所，バランスを取る力が必要な場所などがあります。子どもたちの得意なところを生かす場所に配置したり，形を変えたりすることで，子どもたちの負担が軽減します。

〈俵型ピラミッド〉

横に乗る人もまっすぐに乗り，体幹に力を入れていないと上ってくる人を支えることができない。

1段目の真ん中2人に特に負担がかかる。上に乗る人たちの体重が直接かかるからである。

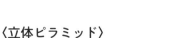

〈立体ピラミッド〉

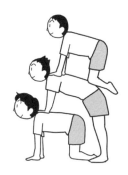

正面から見たときの見栄えは俵型と変わらないが，危険が少ない。

上に乗る人の体重全てがかかるわけではないので，負担が少ない。

〈扇〉

　バランスを取ることが難しい扇ですが，見応えがあることも確かです。3～6人で配置を大切にして確実に作らせるといいです。

〈持ち上げ技〉

　場所によって持ち上げ方も，重さのかかり方も違います。

練習から本番までのプラン

 1日目

指 導 の 中 心

準備（心と体）・1人技・2人技

事前準備

プログラム	曲に合わせて技が変わっていく様子がわかるようなプログラムを作成する（P.72～91のようなもの）。 ⇒児童にも配付するとよい。
音楽	操作がしやすい機器があると便利。
マット	安全面を確保するために必要に応じて準備する。

児童への指導

気を引き締めながら，意欲を高めよう。

指導内容	指導のポイント
組体操について説明	心構え・身だしなみ・テーマ・目標などを伝える。
学習内容の説明	学習の見通しを持たせる。
1人技	安全に行うためのポイントときれいに見せるためのポイントを指導する（直立ピン，ななめ十字，飛行機バランス，ブリッジなど）。
2人技	安全に行うためのポイントときれいに見せるためのポイントを指導する（サーフィン，橋，しゃちほこ，スケートなど）。
音楽に合わせて	声でカウントもしながら，音楽の雰囲気やタイミングなどを感じさせる。
振り返り	よかった点を伝える。次からも時間を守って集合整列することや気を引き締めて学習に取り組むことなどを伝える。

次への準備

指導内容の確認	2日目と3日目の指導内容について関係教職員と打ち合わせ（技，組み合わせ，音楽，位置などのほか手のつなぎ方や組み方，補助の仕方などの安全面についても確認する）。
現時点での課題共有	技の完成度や位置や向き，組み合わせなどの課題について関係教職員で情報共有する。

指導の中心

3人技・4人技

事前準備

プログラム	確認しながら指導する。
音楽	操作がしやすい機器があると便利。
マット	安全面を確保するために必要に応じて準備する。

児童への指導

指導内容	指導のポイント
学習内容の説明	技の人数が増えるためより安全面に注意させる。
1日目の復習	音楽に合わせて行い,技の出来具合を確認する。
3人技	安全に行うためのポイントときれいに見せるためのポイントを指導する(すべり台,V字,3人ピラミッド,トリプルクロスなど)。
4人技	安全に行うためのポイントときれいに見せるためのポイントを指導する(丘陵,階段,鏡など)。 ※危険を伴う技で,初めて行うときは一斉にさせず,教師が付き,順番に行わせる。
音楽に合わせて	声でカウントもしながら,音楽の雰囲気やタイミングなどを感じさせる。 ※完成度が低く,危険を伴う場合は無理にさせない。
振り返り	よかった点を伝える。次からも時間を守って集合整列することや気を引き締めて学習に取り組むことなどを伝える。

> ケガがなかったか確認しよう。

次への準備

指導内容の確認	3日目と4日目の指導内容について関係教職員と打ち合わせ(技,組み合わせ,音楽,位置などのほか手のつなぎ方や組み方,補助の仕方などの安全面についても確認する)。
現時点での課題共有	技の完成度や位置や向き,組み合わせなどの課題について関係教職員で情報共有する。

指 導 の 中 心

5人以上の多人数技

事前準備

プログラム	確認しながら指導する。
音楽	操作がしやすい機器があると便利。
マット	安全面を確保するために必要に応じて準備する。

児童への指導

安全面には十分気をつけさせよう。

指導内容	指導のポイント
学習内容の説明	技の人数が増えるためより安全面に注意させる。
1，2日目の復習	音楽に合わせて行い，技の出来具合を確認する。 ※危険を伴う技や未完成な技は無理をさせない，または教師が補助に入る。
多人数技	安全に行うためのポイントときれいに見せるためのポイントを指導する（グライダー，リフト，クイックピラミッド，大展望台，ウェーブなど）。 ※危険を伴う技は，一斉にさせず，教師が付き，順番に行わせる。何度か繰り返し行い，技のコツをつかませるとともに補助なしでも安全に実施できるように取り組ませる。
振り返り	よかった点を伝える。次からも時間を守って集合整列することや気を引き締めて学習に取り組むことなどを伝える。

次への準備

指導内容の確認	4日目と5日目の指導内容について関係教職員と打ち合わせ（技，組み合わせ，音楽，位置などのほか手のつなぎ方や組み方，補助の仕方などの安全面についても確認する）。
現時点での課題共有	技の完成度や位置や向き，組み合わせなどの課題について関係教職員で情報共有する。
プログラムの検証	技や音楽に合わせるタイミングに無理がないかの確認をするとともに，必要に応じてプログラムを見直し変更することも考える。

指導の中心
技の完成度を高める

事前準備

プログラム	確認しながら指導する。
音楽	操作がしやすい機器があると便利。
マット	安全面を確保するために必要に応じて準備する。

児童への指導

焦らずに,丁寧に進めよう。

指導内容	指導のポイント
学習内容の説明	細かな動作や姿勢に注意するよう指導する。
1,2日目の復習	音楽に合わせて行い,技の出来具合を確認する。 ※危険を伴う技や未完成な技は無理をさせない,または教師が補助に入る。
多人数技の復習	はじめは音楽無しで行い,完成しているグループが増えてきたら音楽に合わせて技を作っていく。
未完成の技の練習	これまでの技で未完成のグループ,技について教師が付き確認する。 ※技のポイント,メンバーの場所などを確認する。安全に実施するためにメンバー構成を変更することも考えられる。
振り返り	よかった点を伝える。次からも時間を守って集合整列することや気を引き締めて学習に取り組むことなどを伝える。

次への準備

指導内容の確認	5日目と6日目の指導内容について関係教職員と打ち合わせ(技,組み合わせ,音楽,位置などのほか手のつなぎ方や組み方,補助の仕方などの安全面についても確認する)。
現時点での課題共有	技の完成度や位置や向き,組み合わせなどの課題について関係教職員で情報共有する。特に補助が必要なグループについても共有しておく。

安全に行うために,プログラムを変更することも考えよう。

5日目　指導の中心
隊形移動の確認と完成度を高める

事前準備

プログラム	確認しながら指導する。
音楽	操作がしやすい機器があると便利。
マット	安全面を確保するために必要に応じて準備する。
動画撮影機器	児童の動きを教師と児童が確認するために撮影する。

児童への指導

指導内容	指導のポイント
学習内容の説明	隊形移動の確認とより完成度を高めるためにそろっていないところをそろえていくことを伝える。半分の日数が過ぎていることを伝え，意欲を高める。
隊形移動の確認	技は行わず，隊形移動のみを行う。 動かないもので，自分の立ち位置の目印となるものを確認させる。 ※駆け足で移動する場合は安全面を考え，全力ではなく，周りを見ながら駆け足で移動することを伝える。
音楽に合わせて	１曲目を音楽に合わせて行い，そろっていない箇所について部分練習を行う。これを２曲目，３曲目と順に行う。
振り返り	よかった点を伝える。次からも時間を守って集合整列することや気を引き締めて学習に取り組むことなどを伝える。

次への準備

安全に行うために，メンバー変更も考えよう。

指導内容の確認	６日目と７日目の指導内容について関係教職員と打ち合わせ（技，組み合わせ，音楽，位置など）。
補助教職員について	リハーサルに向けて，安全面を確保する上で補助に入ってもらう必要があるグループ，技について確認するとともに，補助の依頼をする。
位置の調整について	本日行った隊形移動の確認に伴い，より見栄えがするような位置や向きについて話し合い，次の時間に微調整する内容について決定する。

指導の中心

位置の微調整

事前準備

プログラム	確認しながら指導する。
音楽	操作がしやすい機器があると便利。
マット	安全面を確保するために必要に応じて準備する。
動画撮影機器	児童の動きを教師と児童が確認するために撮影する。

児童への指導

指導内容	指導のポイント
学習内容の説明	次がリハーサルであることを伝え，本番と同じように取り組むことを伝える。
全体の通し練習	全てを通したときの，状況を確認する。
音楽に合わせて	１曲目を音楽に合わせて行い，そろっていない箇所について部分練習を行う。これを２曲目，３曲目と順に行う。観客からの見栄えを考え，向きや高さを微調整する。
全体の通し練習	微調整後の状況について確認する。
振り返り	よかった点を伝える。次からも時間を守って集合整列することや気を引き締めて学習に取り組むことなどを伝える。

> 教室で撮影した動画を見せるのもよい。

次への準備

指導内容の確認	７日目と８日目の指導内容について関係教職員と打ち合わせ（技，組み合わせ，音楽，位置など）。
位置の調整について	より見栄えがするような位置や向きについて話し合い，次の時間に微調整する内容について決定する。その際，撮影している動画を活用する。
連絡調整	次回をリハーサルとするため，運動会当日に補助に入ってもらう教員へ，次回参加してもらえるように連絡調整を行う。

指導の中心

リハーサル

事前準備

プログラム	確認しながら指導する。
音楽	操作がしやすい機器があると便利。
マット	安全面を確保するために必要に応じて準備する。
動画撮影機器	児童の動きを教師と児童が確認するために撮影する。

児童への指導

気を引き締め，集中させよう。

指導内容	指導のポイント
学習内容の説明	リハーサルであるため，本番と同じ気持ちで取り組むことを確認する。 リハーサル1と2を行うこと，教師は観客として見ることを伝える。
リハーサル1	よい点と改善点を探しながら観察する。 補助が必要なところへは補助に入る。
振り返り	リハーサル2でさらによくするために，よい点と改善点を伝える。
リハーサル2	伝えた改善点について，声かけを行い，微調整する。 補助が必要なところへは補助に入る。
振り返り	改善されたことを伝える。 次の日は，よりよくするための微調整の時間であることを伝える。

次への準備

指導内容の確認	8日目に行う指導内容について，関係教職員で打ち合わせを行う（指導内容や補助の必要性についてなど）。
位置の調整について	より見栄えがするような位置や向きについて話し合い，次の時間に微調整する内容について決定する。その際，撮影している動画を活用する。

指導の中心

本番への心構え

事前準備

プログラム	確認しながら指導する。
音楽	操作がしやすい機器があると便利。
マット	安全面を確保するために必要に応じて準備する。
動画撮影機器	児童の動きを教師と児童が確認するために撮影する。

児童への指導

指導内容	指導のポイント
学習内容の説明	練習最終日であることを自覚させる。 指先や視線など意識するだけでよくなる部分について指導する。
全体通し練習1	よい点と改善点を探しながら観察する。 補助が必要なところへは補助に入る。
振り返り	よい点と改善点を伝え，練習2への意欲を高める。
全体通し練習2	伝えた改善点について，声かけを行い，微調整する。 補助が必要なところへは補助に入る。
振り返り	改善されたことを伝える。 次は本番となるため，自信を持って，堂々と取り組むことを伝える。

不安を残さないように気をつけよう。

次への準備

補助者の確認	補助が必要な技と場所，また安全面上配置しておくべき技と場所について，担当する教員と再度確認しておく。
音楽	当日使用する音楽が間違いなく流れるか，念のため実際に流し，再度確認を行う。

さくいん

技	ページ

英数字

1人シンクロ	37
2段タワー	46
3人ピラミッド	45
4人扇	55
6人扇	65
7人立体扇	31
A字	36
T字	36
V	36
V字	50
V字バランス	35, 36
W肩倒立	50

ア行

あおむけ	37
朝顔	63
足上げピン	37
アンテナ	37
碇	52
石垣	61
ウェーブ	68
腕立て	37
馬立ち	41
エレベーター	41
煙突	42
扇	57
扇DX（7人技）	66
大阪城	64
オープントップバス	21
おみこし	24

カ行

階段	55
鏡	53
かぎかっこ	37
肩車	38, 40
肩倒立	34
合掌づくり	60
かぶと	57
カンフー回転	22
きのこ	43
騎馬	26
丘陵	54
クイックピラミッド	62
クイックピラミッド+α	30
グライダー	56
グレートブリッジ（10人技）	67
鍵盤	49

サ行

サーフィン	40
坂道	37
サボテン	38
サボテンの花	27
サマーソルトキック	36
サンゴ	58
サンフラワー	32
サンライズ	48
ジェミニ（9人技）	67
ジグザグ	59
しゃちほこ	37, 42
新補助倒立	20
水上スキー	41
スケート	41

スター	29	跳ね橋	61
ステージ	58	バランス	44
ステップ	51	バンク	58
すべり台	42, 49	万里の長城	70
ゼロフライト	47	ピース	55
千手観音	69	飛行機	36
ソファー	47	ビッグＷ	49
ソフトクリームタワー	61	ピラミッド	65
ソユーズ	57	ふきのとう	43
空へだっこ	37	ブリッジ	35, 36
		補助倒立	39
		ボストーク	60

タ行

大地	48
ダイブ	37
ダイヤモンド	28
ダブル倒立	51
玉ねぎ	65
だるまおとし	25
跳開橋	64
ツリー	59
鶴	52
時計台	64
トライアングル	52
トリプル扇	51
トリプルクロス	50
トンネル（8人技）	66

マ行

ミックスサボテン	53
ミニトーテムポール	23
森	48

ヤ行

やぐら	60
屋根	54
山	44, 59
山小屋	54
ユニットサーフィン	53
ゆりかご	37

ナ行

ななめ十字	34, 37

ハ行

橋	42

ラ行

ランジ	45
連鎖ブリッジ立ち	22
ロールケーキ	37
ロケット	44

【著者紹介】

関西体育授業研究会
（かんさいたいいくじゅぎょうけんきゅうかい）

2009年に「体育科の地位向上」を合言葉に発足。
大阪教育大学附属池田小学校に事務局を設置。
メンバーは，大阪を中心に滋賀，兵庫，奈良，福井，和歌山，広島などの教員で構成される。
月1回程度，定例会を開催し，「体育科の授業力向上」をテーマに研究を進めている。
また，毎年7月に組体操研修会，11月に研究大会を開催。
著書に『子どもも観客も感動する！「組体操」絶対成功の指導BOOK』（明治図書）。

【執筆者一覧】

関西体育授業研究会

西岡　毅（大阪市公立小学校）

山崎雅史（大阪教育大学附属池田小学校）

松岡　賢（大阪教育大学附属池田小学校）

辰巳明子（大阪教育大学附属池田小学校）

酒井宏彰（池田市立神田小学校）

松風　望（吹田市立豊津第一小学校）

安全と見栄えを両立する！
新「組体操」絶対成功の指導BOOK

2019年5月初版第1刷刊　Ⓒ著　者　関西体育授業研究会
　　　　　　　　　　　　発行者　藤　原　光　政
　　　　　　　　　　　　発行所　明治図書出版株式会社
　　　　　　　　　　　　　　　　http://www.meijitosho.co.jp
　　　　　　　　　　（企画）木村　悠（校正）㈱APERTO
　　　　　　　　　〒114-0023　東京都北区滝野川7-46-1
　　　　　　　　　振替00160-5-151318　電話03(5907)6702
　　　　　　　　　　ご注文窓口　電話03(5907)6668
＊検印省略　　　　　　　　組版所　株式会社ライラック
　　　本書の無断コピーは，著作権・出版権にふれます。ご注意ください。

Printed in Japan　　　　　　　　　ISBN978-4-18-043210-3
もれなくクーポンがもらえる！読者アンケートはこちらから　
→